志愿服务实务丛书

中国志愿服务联合会
中国志愿服务基金会 组编

大型活动志愿服务

主　编　张晓红　冯　婧
副主编　信　欣　曹仕涛

中国人民大学出版社
·北京·

“志愿服务实务丛书”编委会

总　　序

志愿服务是现代社会文明进步的重要标志，是加强精神文明建设、培育和践行社会主义核心价值观的重要载体和有效抓手。改革开放以来，我国志愿服务事业不断发展、服务队伍不断壮大、服务水平日益提升，志愿服务已经成为促进社会和谐、推动文明进步的重要力量。

中央高度重视志愿服务事业的发展。党的十八大以来，习近平总书记多次回信、寄语并做出重要指示，给予广大志愿者极大的鼓舞。一系列文件及法规，如《中华人民共和国慈善法》《志愿服务条例》《关于支持和发展志愿服务组织的意见》《关于公共文化设施开展学雷锋志愿服务的实施意见》的出台，为志愿服务事业保驾护航。党的十九大报告在加强思想道德建设层面，明确提出要推进诚信建设和志愿服务制度化，强化社会责任意识、规则意识、奉献意识，为新时期志愿服务事业指明前进的方向。如今，在习近平新时代中国特色社会主义思想的指引下，我国志愿服务事业步入历史发展的新阶段。

为进一步推动志愿服务事业健康发展，在中国志愿服务基金会的支持下，中国志愿服务联合会自成立以来便高度重视志愿服务培训工作，紧紧围绕志愿服务的制度化、法制化、规范化、信息化、专业化，积极探索志愿服务培训的新途径、新机制、新模式。依托全国宣传干部学院建立了中国志愿服务培训基地，并分别在武汉、青岛、河北、惠州等地建立培训基地，先后举办了秘书长培训班、理论研讨班、法制化培训班、信息化培训班、志愿服务组织负责人培训班以及青年志愿服务、公共文化设施志愿服务、巾帼志愿服务、助残志愿服务、社区志愿服务等各类培训班，截至2018年9月共培训4 000余人。全国各省市志愿服务联合会及志愿服务组织通过多种渠道积极开展了形式多样的培训活动。同时，各领域的专家学者积极开展理论研究，先后出版发行了《中国志愿服务大辞典》《中国特色志愿服务概论》《经验·价值·影响——2008北京奥运会、残奥会志愿者工作成果转化研究》等，为培训提供了智力支撑，为相关教材编写奠定了坚实的基础。

根据《中国志愿服务培训工作“十三五”时期发展规划(2016—2020)》，中国志愿服务联合会、中国志愿服务基金会联合组织专家编写志愿服务培训系列教材。通过编纂具有较强针对性、可读性和实用性的“志愿服务实务丛书”，帮助广大志愿组织和志愿者深入领会中共中央关于志愿服务工作的一系列文件精神和政策法规，了解志愿服务的内涵，掌握志愿服务的思路方法、实践路径，不断提高培训质量，提升志愿服务的能力水平。

本丛书由中国人民大学公共管理学院魏娜教授主编、中国人民大学出版社出版，通过公开征集的方式向志愿服务领域的专家学者和科研机构发布有关信息，在自主报名和推荐的基础上经过专家评审确定执行主编，并由中国志愿服务联合会、中国志愿服务基金会、中国志愿服务联合会研究会等相关机构人员及专家学者组成编委会。

希望在各方支持和大家共同努力下，丛书在实践中不断丰富和完善，编纂工作顺利推进。相信本丛书会在推动中国特色志愿服务事业发展中发挥积极的作用。

中国志愿服务联合会

中国志愿服务基金会

2018年9月

前　言

2008年北京奥运会、残奥会志愿服务工作从整体上推动了中国志愿服务的跨越式发展，使志愿服务的理念通过各种各样的大型活动志愿服务得到传播弘扬，凸显了大型活动志愿服务的魅力和价值。近年来，在上海世博会、广州亚运会、南京青奥会、北京园博会、北京2014亚太经合组织（APEC）会议、G20杭州峰会等各种大型活动的现场，志愿者不仅是一道亮丽的风景线，更是不可或缺的重要力量。动员志愿者为公益性的运动会、博览会、大型会议等提供志愿服务，已然成为保障大型活动成功举办的基础性工程。随着大型活动志愿服务项目日益深入人心，政府、社会、高校、各界民众对志愿服务的关注、支持和参与程度也在不断提升，与之相适应，各地志愿服务工作进入常态化、机制化、规范化的发展阶段。

随着大型活动志愿服务实践的不断深入，大型活动志愿服务项目的运行日趋频繁，综观全国各地志愿者组织、高校和研究机构，论述和剖析大型活动志愿服务管理的相关操作、运行的研究著述较少。本书主编之一张晓红教授带领团队从2010年就开始开展大型活动志愿服务组织与管理的课题研究工作，在总结、梳理历年国内大型活动志愿服务管理经验、工作方案、文字素材的基础上，最终形成了《大型活动志愿服务的组织与管理》一书，该书侧重于理论研究。但越来越多的大型活动志愿服务组织者、参与者在客观上更需要一种可参照的、实践性和指导性更强的蓝本来指导自己学习相关实务。因此，面向大型活动志愿服务的组织者和参与者编写一部实务类培训教材则显得迫切和必要了。

2017年底，中国志愿服务联合会与中国志愿服务基金会为此立项，委托张晓红教授负责组织编写《大型活动志愿服务》。本书着重介绍大型活动志愿服务的流程与方法，突出“怎么做”，更具有实际操作性。本书主要面向志愿者的普通管理者，也就是志愿者骨干，兼顾志愿者角度，通过对典型案例的分析以及对流程与方案的设计，重点指导志愿者和志愿者骨干的实务工作，具有很强的可操作性。可以说，这本书既是对已有研究成果的提升，也是对今后大型活动志愿服务的展望。

本书的顺利完成得到了北京志愿服务发展研究会的大力支持，研究会为本书提供了很多鲜活的案例。北京市志愿服务指导中心原主任郭新保同志将其多年组织大型活动志愿服务工作的经验总结为“调、设、宣，注、招、培，管、保、激，评、记、转”12字方针，这一方针为本书的编写提供了重要参考。本书副主编为天津青年志愿服务理论研究与实务专家、天津科技大学讲师信欣，北京志愿服务发展研究会副秘书长、北京市大型活动志愿服务项目管理专家曹仕涛；主要参加人及撰稿人有：钱泓江、任炜、李凌、田丽娜、苏超莉、王华琳、郑瑞涛、陈碧红、盛晓晶、沈在蓉、王倩、韩静、孔德莉、殷媛媛、李雪、刘冬雪、王松涛、杨勇、乔学慧等；特别是陈廷军将军、陆士桢教授对本书给予了专业指导。另外，中国人民大学魏娜教授、北京大学金安平教授、中国青年政治学院李家华教授为本书的大纲、终审提出了宝贵意见；中国志愿服务联合会培训部贾学学、中国人民大学出版社朱海燕为本书多方协调沟通，给予大力支持。在此借本书出版发行的契机，我们谨向各方同人的精心指导、鼎力支持和无私帮助表示衷心的感谢！

因水平限制，本书在研究和撰写过程中难免存在不足之处，敬请广大同人和志愿者指正。大型活动志愿服务的发展离不开社会各界的关注、支持和参与。希望越来越多的人能够参与到志愿服务精神的传播和志愿活动中来，为促进志愿服务事业蓬勃发展、弘扬社会主义核心价值观、早日实现中华民族伟大复兴的中国梦贡献自己的力量！

本书编写组

2019年1月

目　录

* 截至 2019 年，还有相关省市出台了相关标准，具体信息如下，供查阅参考。
[1] 赛事志愿服务　招募（江苏省地方标准　DB32/T　2356-2013）
[2] 赛事志愿服务　志愿者形象礼仪（江苏省地方标准　DB32/T　2357-2013）
[3] 大型赛会志愿服务岗位规范（杭州市地方标准规范　DB3301/T0192.1-2016）
[4] 大型赛会志愿服务岗位规范（浙江省地方标准规范　DB33/T2188.1-2019）

第一章
大型活动志愿服务概论

引 例

第 29 届世界音乐教育大会志愿服务

2010 年 8 月 1 日至 8 月 6 日，第 29 届世界音乐教育大会在北京举行，虽然这只是专业领域的大会，但是由于涉及 56 个国家和地区的 4 000 余名代表及数百个演出团体，因此，大会对志愿者工作提出了较高的要求。为了做好大会的志愿服务工作，经北京市志愿服务指导中心协调，以中国音乐学院为主，北京语言大学、中国传媒大学、北京科技大学等高校配合，按照“统一指挥、对口链接、属地管理、例会保障”的工作原则，大会设立了办公室、人员调配部、通信部、宣传报道部、后勤保障部、组织联络部、培训部、物资管理部、心理咨询部、应急事件处理部等 10 个志愿者工作运行部门，保障大会志愿者工作的顺利进行。大会招募大学生志愿者 669 人，为大会的学术会务、演出、接待、联络、后勤、安保、宣传等工作提供志愿服务，为大会的顺利运行提供最大程度的保障。

资料来源：张晓红，等．大型活动志愿服务的组织与管理［M］．北京：中国青年出版社，2014.

在国内外大型活动（如体育比赛、展览展会、大型庆典、大型会议、论坛等）中，经常活跃着志愿者的身影，尤其是在一些非政府组织的活动中，常有不少人以志愿服务的方式参与组织运行工作。近年来，随着我国开放程度的不断提高，越来越多的国际会议、体育赛事等大型活动也开始引入志愿者，让其参与具体的管理、服务和运行工作。在北京奥运会、新中国成立60周年华诞庆典、上海世博会、广州亚运会、G20杭州峰会等一系列大型活动的筹备和举办过程中，志愿者都作为不可或缺的一部分融入其中，为降低大型活动成本、提高大型活动运作效率做出了积极的贡献。

志愿者如今已成为大型活动正常运行的重要保障之一，那么，大型活动志愿服务包括哪些基本类型？为什么大型活动志愿服务能吸引如此多的志愿者参与其中？大型活动志愿服务对城市建设、社会建设有什么样的推动作用？在本章中，我们将首先对大型活动志愿服务的概念、特点、发展历程以及功能等进行界定、分析。

第一节　大型活动志愿服务的概念、分类及特点

一、大型活动志愿服务的概念

（一）基础概念

1. 志愿者

联合国将“志愿者”定义为“不以利益、金钱、扬名为目的，而是为了近邻乃至世界进行贡献的活动者”，指在不为任何物质报酬的情况下，能够主动承担社会责任而不关心报酬、奉献个人的时间及精力的人。

《中国志愿服务大辞典》将“志愿者”从广义和狭义上进行定义。广义上的志愿者包括自然人之外的人群及组织等志愿服务主体；狭义上的志愿者是指在志愿服务组织登记，不以获得报酬为目的，自愿帮助他人和服务社会的个人①。在香港地区，志愿服务人员普遍被称为“义工”。在台湾地区，志愿者被称为“志工”。有些人片面地认为从事志愿工作是慈善为怀、乐善好施的表现，把志愿工作看成一种单方面的施予；把志愿者当作“廉价劳动力”，认为只有那些不愁衣食及有大量空余时间的人，才有资格或才会参加志愿工作。其实，每个人都有参与社会事务的权利和促进社会进步的能力，同样，每个人都有促进社会繁荣进步的义务及责任。参与志愿工作是表达这种“权利”及“义务”的积极和有效的形式。在服务他人、服务社会的同时，自身也能得到提高、完善和发展，精神和心灵得到满足。

---

① 北京志愿服务发展研究会．中国志愿服务大辞典［M］．北京：中国大百科全书出版社，2014：1.

1963年3月5日，毛泽东主席题词、发出“向雷锋同志学习”的伟大号召后，每年的3月5日成为“学雷锋纪念日”。从2000年开始，共青团中央、中国青年志愿者协会把每年的3月5日作为“中国青年志愿者服务日”，组织青年集中开展内容丰富、形式多样的志愿服务活动。

1985年，第40届联合国大会通过决议，确定从1986年起，将每年的12月5日定为“国际志愿人员日”。其宗旨是敦促各国政府通过庆祝活动唤起更多的人以志愿者的身份从事社会发展和经济建设事业。

2. 志愿服务

《中国志愿服务大辞典》从广义和狭义上对“志愿服务”进行了界定。志愿服务广义上是指造福近亲属以外的他人（个人或团体）或环境的所有活动，狭义上是指无偿为非营利机构工作。志愿服务又称志愿工作（volunteer work）①。

《全球志愿者宣言》指出：志愿服务是个体为了增进邻人、社区和社会的福祉而进行的非营利、不支付报酬、非职业化的行为。志愿服务的表现方式很多，从传统的邻里互助到今天的为解除痛苦、解决冲突和消灭贫穷而进行的努力等都属于志愿服务②。

3. 志愿者组织

关于志愿者组织的定义，《中国志愿服务大辞典》的表述是：从广义上讲，志愿者组织就是指具有非营利性质、非政府性质和志愿性质的组织。联合国将志愿者组织定义为：公民所成立的地方性、全国性或国际性的非营利、志愿性组织。它们以促进公共利益为工作导向，提供多元的服务，发挥人道的功能，将人民的需求传递给政府，监督政府政策，鼓励人民参与地方事务，并提供政策分析与专业技能，建构早期的预警机制，协助监督与执行国际协定。《北京市志愿服务促进条例》中将其定义为“市和区、县志愿者协会及各类专业性志愿者协会等依法成立、专门从事志愿服务活动的非营利性社会团体”。志愿者组织与志愿服务组织（voluntary organization）、非政府组织（non-government organization，NGO）、非营利组织（non-profit organization，NPO）、第三部门（the third sector）以及我国通用的社会组织（civil organization）等概念，在不进行严格界定的情况下可以通用，表示的都是在政府与企业之外的第三域中的那些社会

① 北京志愿服务发展研究会．中国志愿服务大辞典［M］．北京：中国大百科全书出版社，2014：25.

② 魏娜．北京奥运会志愿者读本［M］．北京：中国人民大学出版社，2006.

组织。组织性、社会性、非营利性、自治性和志愿性等是志愿者组织的特性。20 世纪 70 年代以来，大规模有组织的志愿活动开始在全球范围内蓬勃兴起，志愿者组织也逐渐成为现代社会的一支活跃力量。随着志愿活动的兴起，1970 年，联合国大会通过决议，组建“联合国志愿人员组织”(The United Nations Volunteers，UNV)，负责管理与国际志愿者事业相关的各项事务。根据相关研究，中国出现真正意义上的本土志愿者组织始于 20 世纪 80 年代末期。当时，在社区服务的层次上产生了最早的本土志愿者，并逐步建立了社区志愿者组织。20 世纪 90 年代初，共青团系统中产生了另外一支志愿者队伍，继而产生了全国性的青年志愿者组织。截至 2013 年，中国的志愿者组织已形成了青年志愿者组织、社区志愿者组织以及包括“草根”志愿者组织、国际志愿者组织在内的各种志愿者组织①。

有学者认为，志愿服务事业拥有多元化的发起主体，政府机关、企业、学校，乃至社区、农村都可以发起成立志愿者组织，在组织内部或者面向全社会开展有特色的志愿服务活动。他们认为志愿者组织大致可以分为五种情形：人民团体或政府部门的志愿者组织，企事业单位内部的志愿者组织，“草根”志愿者组织，依托居住社区的社区志愿者组织或者居委会建立的社区志愿者组织，在民政部门登记的社会团体、基金会、民办非企业等组织②。

4. 志愿服务项目

志愿服务项目指在一定的约束条件下（主要是限定时间、限定资源），以提供志愿服务为明确目标的一次性任务，往往由一系列独特的、复杂的并相互关联的志愿活动组成③。志愿服务项目与日常运作（ongoing operation）有着本质的区别，项目是一项独一无二的任务，而日常运作是连续不断、周而复始的重复活动。志愿服务项目除了一般志愿服务的自愿性、无偿性、公益性之外，特别强调工作的时效性和服务的组织性，有明确的目标、有计划、有组织，是为特定的服务和成果所做的阶段性的志愿服务。例如，共青团中央实施西部计划，派遣大学毕业生到西部地区乡村任职一到两年，根据当地需求开展志愿服务。志愿服务项目的主要资金来源有政府财政、基金会支持、企业捐赠、服务收费等。各地政府购买的公共

---

① 北京志愿服务发展研究会. 中国志愿服务大辞典［M］. 北京：中国大百科全书出版社，2014：40.

② 丁元竹，等. 北京志愿服务发展报告［M］. 北京：国家行政学院出版社，2014：50-56.

③ 同①29.

服务项目中也有一些志愿服务项目，如《北京市政府购买社会组织服务项目指南》（2011，2012，2013）中就明确列有“社会志愿公益服务项目”。有些社会组织服务项目专业性不强且使用大量志愿者，这些项目实际上也可以算作志愿服务项目。不少志愿服务项目得到了基金会的支持，如友成基金会 2012 年启动的“小鹰计划”，美国 Taproot 基金会提供技术支持、南都基金会提供资金支持的“中国专业志愿服务发展项目”，等等。随着民政部 2009 年批准成立“中国志愿服务基金会”，不少地方也创立了专门用于支持志愿服务发展的基金会，如“福建志愿服务发展基金会”和“羊城志愿服务发展基金会”等，这些专门基金会的设立必将对志愿服务项目的策划与实施产生重要推动作用。

（二）大型活动志愿服务的含义

大型活动是约定俗成的叫法，目前没有官方界定的概念。国务院 2007 年颁布实施的《大型群众性活动安全管理条例》第二条规定，大型群众性活动，是指法人或者其他组织面向社会公众举办的每场次预计参加人数达到 1 000 人以上的下列活动：体育比赛活动，演唱会、音乐会等文艺演出活动，展览、展销等活动，游园、灯会、庙会、花会、焰火晚会等活动，人才招聘会、现场开奖的彩票销售等活动。北京市人民代表大会常务委员会颁布实施的《北京市大型群众性活动安全管理条例》规定，大型群众性活动，是指租用、借用或者以其他形式临时占用场所、场地，面向社会公众举办的文艺演出、体育比赛、展览展销、招聘会、庙会、灯会、游园会等群体性活动。结合上述有关规定，本书认为，大型活动指的是按照有关法律规定，政府授权有关部门有目的、有计划、有步骤地组织、举办有社会公众参与的社会公共活动，包括体育比赛、展会展览、文艺活动等①。

一般来说，大型活动志愿服务是指在大型活动举办前动员、组织志愿者参加大型活动的筹备、管理、运行等各项工作，从而确保大型活动的顺利开展。从这个概念中可以发现，志愿服务活动具有不以营利为目的的典型特征，只有不以营利为目的的大型活动，才能招募志愿者参与大型活动的整个过程，并让志愿者发挥其重要作用，从而降低大型活动成本，进一步弘扬志愿服务精神。利用志愿者参与某些营利性的活动，则是滥用了志愿者的志愿精神、公益精神，从根本上违背了志愿服务活动

---

① 张晓红，等. 大型活动志愿服务的组织与管理［M］. 北京：中国青年出版社，2014.

的宗旨。

二、大型活动志愿服务的分类

学术界认可将志愿服务分为以下四种类型[①]：

“互助或自助”（mutual aid or self-help）——人们为了共同的利益或共同的生活环境而贡献他们的时间和精力来帮助他人和帮助自己。这种志愿服务形式最早出现在新石器时代的原始社会。在当今世界的许多地区（包括工业化国家），互助或自助为相当人口提供了基本的社会和经济服务，以及基本的社会福利。

“慈善服务或为他人服务”（philanthropy or service to others）——人们自愿地付出时间和精力去帮助他人，并不期待他人回馈同样的好处和帮助。与互助或自助式的志愿服务不同，慈善服务或为他人服务的受益对象是第三方。早期的研究者将这种志愿服务理解为一种“赠予式关系”，但近期的研究者则将它理解为一种“交换式关系”，因为志愿者在无偿服务的同时也有所收获，如：自我价值的实现、有机会体验到不同的生活、学到新的技能等。

“参与”（participation）——又称公民参与（civic participation）或公民行动（civic engagement），是公民参与社会公共事务治理的重要形式，指公民个人或集体为了确认和解决广受关注的公益问题而自愿付出时间和精力，如担当政府咨询部门的群众代表。但批评家认为，迄今为止的参与只不过是外来决策的合法化工具而已。

“倡导与运动”（advocacy and campaigning）——人们为了自己或他人的利益付出时间和精力在地区、国家或国际范围内开展游说、宣传和辩论活动，目的是推动政府修改、完善和实现有利于弱势群体和环境保护的立法和政策。

另外，以志愿者具体从事的服务领域为标准，可以将志愿服务分为日常类志愿服务、城市管理类志愿服务和大型赛会类志愿服务。

早在1996年，共青团中央就出台了《关于青年志愿者为大型活动提供志愿服务的暂行规定》，明确规定允许招募、使用志愿者的大型活动的类型包括：国内举办的国际性大型文体活动，国际、国内大型会议活动，国内省级以上体育竞赛、文艺演出及其他大型文体活动，国内大城市举办的

---

① 北京志愿服务发展研究会. 中国志愿服务大辞典［M］. 北京：中国大百科全书出版社，2014：25.

具有较大影响的单项文体活动。

近年来，博览会、重大庆典活动的出现丰富了大型活动的类型，也丰富了大型活动志愿服务的类型。大型活动志愿服务依据活动的性质、领域等可以分为以下几种类型：

一是重大体育赛事志愿服务，包括国际性的综合性体育赛事、单项体育赛事，国家及省市级综合性体育赛事、单项体育赛事等重大体育赛事志愿服务，如 2008 年的北京奥运会、残奥会志愿服务项目，2010 年的广州亚运会志愿服务工作，2011 年的深圳世界大学生运动会志愿服务工作，2013 年的辽宁全运会志愿服务工作等。

二是重大文化艺术活动志愿服务，包括国际性的博览会，国家及省区市举办的艺术节、电影节、旅游节、文化节等高档次、高品位文化艺术交流活动志愿服务，如 2010 年的上海世博会志愿服务工作，2011 年的西安园艺博览会志愿服务工作，2013 年的锦州世园会、北京园博会，以及连续几年在北京举办的奥运城市体育文化节志愿服务项目等。

三是重大国际国内会议志愿服务，既包括具有重大国际影响力、能够代表国家形象的国际会议的志愿服务工作，如北京 2014 年亚太经合组织（APEC）会议、北京财富论坛、上海合作组织北京峰会等会议志愿服务工作；也包括国家及省区市举办的会议志愿服务工作，如每年全国“两会”期间的志愿服务工作。

四是重大主题活动、专项活动的志愿服务，包括庆典、仪式、游园、灯会等各种公益性重大主题活动的志愿服务工作，如国庆 60 周年庆典的志愿服务工作。

不同类型的大型活动志愿服务工作，在志愿者人员计划、服务岗位和内容、服务地点和时间、对志愿者的基本要求等方面都有差异。对大型活动志愿服务进行分类分析，不仅有利于进一步明确适合志愿者参与的大型活动类型，确保大型活动志愿服务的公益性；还有利于根据大型活动的不同类型开展志愿服务工作，提高大型活动志愿服务的规范化程度和专业化水平。

三、大型活动志愿服务的特点

（一）志愿服务的特点

志愿服务已经成为社会文明和进步的重要标志，一般而言，志愿服务具有自愿性、无偿性、公益性和组织性四大特点。

1. 自愿性

志愿者进行志愿服务必须是出于自愿选择，非受第三人或外界的强制，这样才能把志愿服务与一般的国家机关或社会组织的职务行为区分开来。虽然目前大多数的志愿活动是由政府或社会组织发动的，但志愿者都是作为个人自愿参与其中的，在参与过程中始终保有选择是否参与的权利，因而是自愿的。志愿服务不能作为一种义务而强加给任何社会成员。自愿性是志愿服务区别于其他社会行为的首要前提①。

2. 无偿性

志愿服务的动机是非营利的，志愿服务不以物质报酬为目的，明显区别于追求个人利益最大化的经济行为。这就保证了志愿服务的本质是奉献社会、服务社会。当然，志愿服务的无偿性并不等同于完全免费。在志愿服务过程中，志愿者需要投入一定的时间和精力，因此志愿者可以得到一些补贴，如交通补贴、餐饮补贴等。尽管这些补贴在一定程度上增加了志愿服务过程中的成本投入，但是这些补贴的价值实际上远远低于志愿者付出所应该得到的收入②。

3. 公益性

志愿者最基本的动机是利他主义，即帮助他人，使社会生活更美好。公益性是体现志愿服务社会价值的基本源泉。公共福利和社会公益是志愿服务的价值目标，也是衡量志愿服务的社会价值性和有用性的评判标准。但是，志愿服务的公益性并不代表志愿者参与志愿服务就是完全地给予。严格来说，志愿服务是一种助人自助的行为，在服务他人和社会的同时，志愿者个人在精神生活、实际能力、社会声誉等方面都应得到提升③。

4. 组织性

志愿服务体现的是一种人与人之间的社会关系。它不是个人生活中的私人关系，而是在一定的公共空间和特定的人群当中互助或他助的关系。这也就意味着志愿服务一般以有组织的、公开的、社会化的形式开展，而不同于那种邻里之间的互助，也不同于日常生活中偶尔为之的好人好事④。

---

① 陆士桢，张晓红，郭新保. 北京志愿服务模式研究［M］. 北京：北京出版社，2009：4.

② 同①5.

③④ 参见《北京注册应急志愿者基础培训手册》。

（二）大型活动志愿服务的主要特点

总的来说，大型活动具有参与范围广、社会关注程度高、规格高、影响范围广、时间集中等特点，与此相适应，大型活动志愿服务也具有参与人数多、社会关注程度高、服务要求高、影响范围广等特点。

1. 参与人数多

为了保证活动的质量和服务标准，大型活动志愿服务需要大量的志愿者。具体分析发现，招募志愿者数量众多的原因主要是大型活动本身较为复杂、活动周期较长或服务对象较多。

例如，北京奥运会期间共有33个竞赛场馆，此外还有指挥中心、奥林匹克中心区、运动员村信息中心等，位置相对分散，需要有大量的人力开展各场馆、设施间的联络工作，因此志愿者数量相对较多。此外，有些大型活动周期较长，需要多个志愿者完成同一个岗位的工作，这种情况也需要招募大量的志愿者。

在如今的大型活动中，志愿者的服务对象越来越广泛，由之前的仅服务观众发展为服务各种大型活动客户群，服务对象主要包括以下几类：组委会大家庭贵宾（包括但不限于国际行业协会、联合会、主办地政府官员、赞助商的高层管理人员）、核心活动人员（体育竞赛以技术官员和运动员为主、展览展会博览会以参展代表团为主）、新闻媒体工作人员、观众或参观者以及普通参与人员、工作人员及志愿者。实践发现，大型活动组织规格越高，志愿者服务的对象就越广泛。

2. 社会关注程度高

大型活动普遍具有社会关注程度高的特点，因而大型活动志愿服务也颇受媒体关注。据广州亚运会组委会不完全统计，亚运会期间，《人民日报》、中央电视台等各大新闻媒体对亚运会志愿者的热情服务进行的全方位报道将近1 000次，其中新闻报道800多条、新闻述评近百篇。这些媒体报道不仅使更多的群体了解了志愿者这一身份，为志愿者打造了良好的宣传平台，而且增强了志愿者本身的社会认同感和提高了其社会地位。此外，敬一丹、成龙等社会知名人士加入大型活动志愿服务也增强了社会对大型活动志愿者的关注程度。

3. 服务要求高

大型活动规格高、影响范围广等特点使社会各界对它的关注程度异常高涨，这就对大型活动各方面的工作提出了更高的要求，也对大型活动志愿者提出了更加严格的要求。与一般志愿者相比，大型活动志愿者的能力要更高、更全面，比如对其专业化程度、组织能力、语言能力等方面的要求都更高。因此，大型活动志愿服务拥有一套比较健全的运行机制，对宣传动员、组织策划、招募选拔、培训教育、运行管理、考核表彰等各个环节都有严格的制度规范。

4. 影响范围广

虽然大型活动从时间和空间上来看，具有一定的阶段性和区域性。但社会关注程度高使其能突破时间和空间的限制，在较长时间内具有广泛的社会影响力。例如北京奥运会，它不仅仅是在北京举办的一次体育赛事，而且是从 1908 年中国最早提出“中国何时才能举办一届奥运会”百年后，在中国第一次举行的奥运会，对整个中国乃至全世界都具有重要的意义和影响。大型活动的这种“放大”效应，使北京奥运会、残奥会志愿服务工作在社会范围内产生了广泛的影响，提升了志愿服务的知名度，提高了志愿者的社会地位。

案 例

北京奥运会志愿服务影响范围广

为了迎接奥运会的到来，北京围绕“迎奥运、讲文明、树新风”的主题，推出了排队日、“微笑北京”等一系列志愿文化创建与传播活动，通过排队志愿者、微笑志愿者的督促和引导，在市民中倡导友爱谦让、互帮互助的良好风气。活动推出以来，在全国范围内都产生了良好的影响，不仅推动北京形成了和谐融洽、文明健康的社会新风尚，还发挥了巨大的示范作用，带动了济南、广州等地开展相应的志愿文化创建与传播活动，弘扬传递了志愿精神，形成了社会文明新风尚。

资料来源：张晓红，等. 大型活动志愿服务的组织与管理［M］. 北京：中国青年出版社，2014.

【点评】

在大型活动志愿服务中，有一些由广大市民组成的志愿者群体，他们积极开展志愿文化创建活动，打造了独具特色的志愿文化品牌，不仅展现了市民良好的文明素质，也从整体上提升了城市形象，加强了城市的核心竞争力。

第二节　大型活动志愿服务的发展历程

一、大型活动志愿服务的发展

20 世纪 90 年代，在共青团中央的普及下，全国掀起了青年志愿者活动的高潮。各级团组织动员和组织广大青年紧紧围绕党政工作大局，以人民群众的生产生活基本需求为准，在农村扶贫开发、社会公益事业和城市社区服务等领域，展开了具有实效的志愿者活动，进一步推动了我国志愿服务事业的发展。在这一阶段，志愿服务渐渐脱离了过去浓厚的行政色彩，广大青少年都自愿参与志愿服务，助人自助；同时，我们通过有成效的机制建设、组织建设，在全国大部分县市成立专门的志愿者组织，逐渐形成了一整套完整的包括宣传、招募、动员、保障、管理、奖励方面的志愿服务工作机制，部分省市进行了志愿服务立法，志愿服务发展呈现出法制化、规范化的趋势。

伴随着志愿服务的发展壮大，大型活动志愿服务也迎来了其发展速度的顶点，青年志愿者积极为国内、国际大型活动提供服务。在第三届远南运动会、第四届世界妇女大会、建国 50 周年庆典、迎接香港澳门回归、迎接新世纪、北京申奥、第 21 届世界大学生运动会等多个国际国内大型活动中，青年志愿者为大家提供了热情、周到、高效的志愿服务，受到海内外的广泛好评，特别是在第 21 届世界大学生运动会中，大概有 4 万名青年志愿者为世界各国运动员提供了具有国际水准的志愿服务，得到了有关领导和社会各界及运动员的一致好评，成为大运会上“一道亮丽的风景线”。而在天津、深圳、上海、宁波、南宁等地举办的大型活动中，青年志愿者也做出了独特贡献。

在此期间，共青团中央在总结全国各地大型活动志愿服务经验的基础上，多次召开交流表彰大会。同时，为了进一步规范大型活动志愿服务，更好地动员、组织青年志愿者为这些大型活动提供服务，共青团中央在总结北京、广东、上海等地区经验的基础上，为其专门下发了文件，对大型活动志愿服务的开展给予了明确指导，明确了青年参与大型活动志愿服务的意义，并且对这些大型活动志愿服务的具体流程做出了具体的规定，如文件说明了大型活动志愿服务主要的内容包括保护环境、后勤保障、宣传发动、维护交通，国际性活动中的引导陪同工作、翻译工作，组织比赛中的啦啦队和文明观众等；还进一步确定了大型活动服务主办方在管理、培训、招募、评估、奖励等方面的职责，为推动大型活动志愿服务全面规范发展提供了明确指导意见。

利用大型活动影响范围广、社会关注程度高、凝聚资源强等特点，组织大型活动志愿服务有效地传播了志愿服务的理念，积累了志愿服务管理的先进经验，掀起了志愿服务事业发展的第一个高潮。

二、大型活动志愿服务的里程碑

奥运会作为一项代表性、典型性突出的大型活动，运作系统庞杂、组织形式多样、社会关注度高、文化内涵丰富，奥运会的志愿服务有着人员数量巨大、项目环节繁多、涉及领域广泛等特点①。奥运会志愿服务的规模质量和复杂程度都要高于其他大型活动。

北京成功举办奥运会以来，国内大型活动志愿服务也得到了发展，因此北京奥运会成为国内大型活动志愿服务的里程碑。2008 年奥运会也为北京志愿服务事业带来了前所未有的机遇，社会公众对于奥运会志愿服务的参与热情空前高涨，这使得大型活动志愿服务的参与更加多元化，每个人都希望投入其中，为奥运会做出自己的贡献。据北京奥组委志愿者部统计，截至 2008 年 3 月 31 日，共有 1 125 799 人报名申请成为北京奥运会赛会志愿者，报名人数是历届奥运会之最。而且志愿者申请人的来源十分广泛，其中 35 岁以下的占到了 97.8%，北京地区报名 77.2 万人，京外省区市 29.2 万人，香港同胞 0.7 万人，澳门同胞 0.2 万人，台湾同胞 0.3 万人，华侨华人 2.8 万人，外国人 2.2 万人。全国人民参与奥运会志愿服务的热情可见一斑②。

奥运会志愿服务工作在获得广泛关注的同时，也获得了全社会的大力支持。围绕奥运会志愿服务的筹办工作，共青团北京市委、北京志愿者协会以及北京奥组委志愿者部等相关部门开展了多种形式的志愿服务活动，有效整合了社会各界的人力、物力、财力资源，为推动奥运会志愿者工作以及北京志愿服务事业的发展创造了良好的条件。北京市推出了奥运志愿者项目“6+1”的工作模式，在北京奥运会、残奥会志愿者项目的基础上，增加了城市志愿者项目、社会志愿者项目、组委会前期志愿者项目、奥运成果转化项目和“微笑北京”主题活动，数百万人参与其中，感受奥运志愿

① 宋玉芳. 奥运会志愿者的特征及其管理原则［J］. 体育与科学，2004（1）：20-23.

② 张晓红，等. 大型活动志愿服务的组织与管理［M］. 北京：中国青年出版社，2014.

服务带来的收获。北京志愿者协会在北京青少年基金会下设立志愿服务专项基金，获得了包括蒙牛集团、渤海银行等多家企业的赞助，加强了对志愿服务发展的项目支持。通过筹备奥运会志愿服务工作，北京志愿服务事业也得到了发展，在组织机构、运行体制、制度规范、成果转化等方面都积累了大量宝贵的经验。北京市还在奥运会筹备期间，制定并颁布了《北京市志愿服务促进条例》，为北京市志愿服务的制度化、规范化和法制化发展提供了可靠的保障。

三、大型活动志愿服务的现状

北京奥运会志愿服务取得了巨大成功，获得了国内外的一致好评，其相关经验也得到了推广，国内举办的各类大型赛会，如上海世博会、广州亚运会、济南全运会等都借鉴了北京奥运会的先进经验。北京奥运会志愿服务工作的成果转化也取得了实效。北京志愿者协会改名为“北京市志愿者联合会”，负责全市志愿者的协调与管理；奥运会期间的500个城市服务站点得以保留并转化为日常服务阵地；奥运会志愿服务队伍中的管理人才、志愿者骨干、专业志愿者成为首都志愿服务事业的中坚力量，整体队伍得以保留；北京市志愿者联合会使用“志愿北京”这一网络化平台，使志愿服务向常态化、制度化发展迈进；北京奥运会志愿服务的成果转化为系列著作，对志愿服务事业的发展产生深远影响。因此，北京奥运会志愿服务对国内乃至国际志愿服务都产生了重要的影响。

在大型活动服务中，北京奥运会志愿服务形成的经验和模式得到了提炼和推广，并逐步成为大型活动志愿服务的通用模式。例如，北京奥运会设置的城市志愿者项目被伦敦奥运会所采纳，广州亚运会、上海世博会、深圳大运会、夏季达沃斯论坛等大型活动也都设置了城市志愿者项目，该项目主要负责会场周边的安保、城市运行、交通管理等工作。又例如，北京奥运会推出了志愿者成果转化项目，志愿者成果转化也成为广州亚运会的一大亮点，为大型活动志愿服务的制度化、规范化发展做出了贡献。北京奥运会的品牌宣传战略、馆校对接机制、多元化招募手段等，也在很多大型活动中被广泛应用。

北京奥运会形成的大型活动志愿服务的“北京模式”被国内各省区市的大型活动广泛借鉴，也被其他国家和地区借鉴，目前运行的大型活动志愿服务大多是对北京奥运会志愿服务的相关经验的继承和创新，因此，北京奥运会志愿服务成为了大型活动志愿服务的普遍模式。

第三节　大型活动志愿服务的功能及发展趋势

一、大型活动志愿服务的功能

1. 大型活动志愿服务的示范功能

在回顾大型活动志愿服务的历史时，我们发现大型活动志愿服务具有重要的示范功能，能够有效地传播志愿服务精神和理念，引领志愿服务的组织发展，探索志愿服务的管理模式，培育高水平的志愿者队伍。

案　例

大型活动志愿服务的示范引领

以广州为例，从 1987 年开始，共青团广州市委组织数十万志愿者为六运会、九运会等大型赛会以及留交会、广交会等大型会展提供优质服务，不仅推动了广州大型活动志愿服务的成熟，而且有效带动了广州志愿服务事业的发展，形成了社会化运作机制、规范化管理机制、网络化组织机制、专业化培训机制等。

以奥运会志愿服务为例，综观国内外，奥运会均成为主办国发展志愿服务事业的强大动力。如 1988 年的汉城奥运会使用了近 3 万名志愿者，奥运会结束以后，整个韩国掀起了志愿服务运动的热潮，政府因势利导，于 1998 年后以立法形式规定了青少年志愿服务的时间要求，积极促成了韩国志愿精神的普及和公民社会的发育。

资料来源：张晓红，等. 大型活动志愿服务的组织与管理［M］. 北京：中国青年出版社，2014.

【点评】

像奥运会这种大型盛会为志愿服务在中国的成长埋下了一颗种子，人民的爱国热情和人人奥运的理念，大大提升了志愿者的责任感和使命感，激发了其爱国热情和民族精神，因此吸引了更多的人加入志愿服务的队伍中。

大型活动，特别是奥运会为志愿服务在中国的发展打开了一扇窗户，多元化的参与和广泛的宣传，使得志愿精神深入人心，为民众参与志愿服务提供了契机。

2. 大型活动志愿服务的经济价值

组织志愿者为大型活动提供志愿服务，是保证大型活动顺利举办的重要保障。首先，大型活动志愿服务所产生的巨大经济价值，能够有效降低大型活动的运作成本。奥运会期间，志愿者为奥运会的成功举办提供了充足的人力资源，为奥组委开源节流，节约了大量的成本，奥运志愿者也在未来的社会经济发展中发挥着重要的作用，引发了连锁效应。曾有专家在统计历次奥运会志愿者所创造的经济价值之后指出：奥运会志愿者的价值丝毫不亚于奥运会的一些主要筹资渠道。2001 年在广州举办的九运会上，共有 5.4 万名志愿者参与了 15 天的大型活动志愿服务工作，按照每人每天工作 8 小时计算，九运会志愿者共提供了 648 万小时的劳动，以每小时 10 元计算折合人民币 6 480 万元。

其次，志愿者服务大型活动可以以相对灵活、优化的组织形式提供质量可控的服务，有效地防止赛会组织机构过于庞大、臃肿，提高工作效率，降低活动组织成本。为筹备北京奥运会志愿者工作，北京市各区县分别成立了志愿者工作协调小组，依托共青团系统，建立健全奥运会志愿者管理系统，确保了奥运会志愿服务的制度化和规范化，提高了组委会的工作效率。但是，需要强调的是，志愿者参与大型活动的主要目的是促进公众对社会事务的参与，进一步开发社会资源，并不仅仅是节约活动组织成本。

最后，大型活动中志愿者体现出来的无私奉献精神、良好的敬业精神和充满爱心的工作态度，是大型活动志愿服务所带来的社会效应，能够使参与者产生宾至如归的感觉，使大型赛会更加人性化。

3. 大型活动志愿服务的价值引导功能

志愿服务是社会发展到一定阶段的产物，是社会文明程度、公民素质高低的重要衡量指标之一。大型活动特别是奥运会、世博会等是一个城市展示自我形象的重要窗口，在国际社会享有广泛的影响力。在大型活动举办过程中，志愿服务展示了公众的文明素质，是城市形象的重要体现。由广大市民组成的志愿者群体结合城市独特的魅力，积极主动地开展志愿文化创建活动，打造独具特色的志愿文化品牌，并将其通过志愿服务活动传播给其他市民、外地游客以及国际友人，既展示了公众的文明素质，也提升了城市形象，给国内外友人留下了美好印象。

案　例

“亚运志愿信使”活动

由于广州亚运会没有官方的境外火炬传递活动，无法通过火炬传递向国际社会宣传亚运会，为此，广州创造性地设计了“亚运志愿信使”活动，面向出国旅游的市民招募志愿者，使其在所到国家或地区附带开展宣传亚运会的工作，如举行小型宣传仪式，向当地居民宣传广州及亚运会，向当地政府官员赠送广州市长的邀请信等。这项志愿文化创建与传播活动，受到了广州市民的热烈欢迎。迄今为止，已有近10万人参加了该项活动。

资料来源：张晓红，等．大型活动志愿服务的组织与管理［M］．北京：中国青年出版社，2014.

【点评】

广州亚运会“亚运志愿信使”活动的志愿者，前往五大洲的十几个国家宣传亚运会和亚运会志愿服务，在展示广州市民文明素质的同时，增进了广州与各国各地区民众间的友谊，为广州乃至整个中国都树立了热情、友好的形象。

案　例

“微笑北京”活动

自2006年以来，北京志愿者协会推出“微笑北京”活动，倡导广大市民和志愿者每天多一些微笑，养成微笑的习惯，以自己的微笑，表达真心关怀，在给他人和社会带来快乐和温暖的同时，提高自身的文明素养。自觉争当微笑的使者，播撒微笑的种子，倡导团结平等、互帮互助的良好风气，形成友爱温馨、亲切和善的人际关系，创造和谐融洽、文明健康的社会生活环境。

资料来源：张晓红，等．大型活动志愿服务的组织与管理［M］．北京：中国青年出版社，2014.

【点评】

“微笑北京”活动开展以来，取得良好效果，志愿者的微笑逐渐成为城市的名片，对于提升北京文明古都的形象具有积极作用。

4. 大型活动志愿服务的社会动员功能

从现代社会发展趋势来看，市场活动、政府活动、包括志愿者服务在内的社会公益性活动是现代社会中不可缺少的三个支撑点。《中共中央关于加强党的执政能力建设的决定》要求“深入研究社会管理规律，完善社会管理体系和政策法规，整合社会管理资源，建立健全党委领导、政府负责、社会协同、公众参与的社会管理格局”。在构建社会主义和谐社会中，党对社会资源整合功能的充分发挥，对于妥善协调和处理好各方面的利益关系、最大限度地整合不同利益群体、保持社会的稳定协调发展愈发重要。大型活动志愿服务能够促进志愿者个人和组织的完善与发展，培育志愿者公共精神，大型活动已成为全方位展示志愿者的舞台，让志愿者在承担公共责任的同时，获得社会价值和自身的全面发展。志愿者在全社会倡导志愿服务精神，增强了人与人之间的信任，有利于缓解社会矛盾，促进社会的安定团结。总之，大型活动志愿服务有利于和谐社会的构建。

社会经济发展的规律显示，公共服务不可能也不应该完全依靠政府来完成，寻求社会合作是解决公共服务问题的重要方法。大型活动志愿服务能充分发挥“第三部门”的优势，使得志愿服务不局限在关注弱势群体方向，可以拓展到更广阔的空间，从而提升人的生存质量，促进社会的可持续发展。开展志愿服务已成为现代社会有效、便捷的动员方式，在危机干预、危机应对、危机保障等社会应急机制方面发挥着不可替代的作用。2003 年 4 月，北京经历了抗击“非典”这场没有硝烟战斗的严峻考验，数十万志愿者加入抗击“非典”志愿服务队伍。

5. 大型活动志愿服务的育人功能

大型活动志愿服务具有重要的育人功能，以北京奥运会、上海世博会为代表的“鸟巢一代”“小白菜一代”，通过志愿服务大型赛会这个平台，提升了整体的形象和素质，也回应了人们对于这代人能否担当民族复兴大任的质疑。“80 后”“90 后”通过志愿服务改变了整个社会对于青年一代的评价，让全世界对中国的青年一代有了更深一层的了解。在奥运会开幕后的第二天，韩国媒体《朝鲜日报》就制造出“鸟巢一代”的概念，指代在奥运会志愿服务行动中勇于担当、微笑服务的青年志愿者。而广大青年学生也抓住了这次实践体验的机会，通过参与奥运会志愿服务工作丰富了人生阅历，提升了专业技能，促进了自身的成长成才。

大型活动志愿服务对于个人思想道德素质的提升，是颇为深刻而又很见成效的。大型活动志愿服务锻造了青年人的世界观、人生观和价值观。

通过参与大型活动志愿服务，志愿者磨炼了品格、锻炼了意志、提升了技能、增加了阅历，把个人价值的实现同服务他人、服务社会联系起来，在做好事、献爱心中陶冶情操，将社会主义核心价值观中爱国、敬业、诚信、友善等基本规范落到了实处。大型活动志愿服务对普通市民也有着重要的教育作用。在奥运会举办前后，很多在北京生活的人都感觉到，北京市民的整体文明素质和公德意识有了很大的提高，不论是在银行、商店，还是在公交站点，人们都能够自觉排队，维护秩序、礼仪谦让的观念有所增强；在地铁和公交车等公共交通工具上，为老弱病残孕让座的现象增多了。这一感受在社会调查中也得到了印证，中国人民大学人文奥运研究中心自 2005 年开展的调查显示，北京市“市民公共行为文明指数”逐年上升，2005 年为 65.21，2006 年为 69.06，2007 年为 73.38，2008 年北京奥运会比赛期间进一步上升到 82.68，这充分说明公民整体文明素质在不断提升，团结、互助的良好社会氛围正在形成。

二、大型活动志愿服务的发展趋势

1. 大型活动志愿服务常态化

大型活动志愿服务经过几十年的发展，从最初的只有少数志愿者参与，到如今的大多数活动组委会成立专门的志愿者部，从开始的只有少数体育赛事招募志愿者，到今天的各类大型活动都启用志愿者，如今大型活动志愿服务已经进入常态化发展阶段。

大型活动中使用志愿者，发挥志愿者的奉献精神和人力资源优势，保障大型活动顺利举办，已经成为党政领导、社会各界的共识。近年来，从中央到地方，出台了一系列政策法规，促进了志愿服务常态化发展。例如 2007 年颁布实施的《北京市志愿服务促进条例》明确提出，本市鼓励和支持志愿服务事业的发展，提倡在教育、科学、文化、卫生、体育、环境保护等领域和大型社会活动中开展志愿服务活动。该条例将大型社会活动作为志愿服务的重要领域，为北京奥运会志愿者项目、北京园博会志愿者项目的运行提供法律依据。

从参与规模、关注程度上来看，大型活动志愿服务已经成为公众参与志愿服务的主要渠道。很多志愿者认识志愿服务、参与志愿服务是从大型活动中开始的，大型活动志愿服务的理念已经深入人心，成为最常态的志愿服务。

2. 大型活动志愿服务制度化

近年来，推动志愿服务制度化成为从中央到地方，再到普通志愿者发展志愿服务共同努力的方向。2014 年 2 月，中央文明委专门下发《关于推进志愿服务制度化的意见》，明确提出坚持把开展志愿服务与创新社会治理结合起来，与学雷锋活动结合起来，大力弘扬“奉献、友爱、互助、进步”的志愿精神，建立完善长效工作机制和活动运行机制，积极构建中国特色志愿服务制度，推动志愿服务活动广泛深入开展，营造我为人人、人人为我的良好社会风尚。

《意见》中提到的关于推进志愿服务制度化的具体举措，包括规范志愿者招募注册、加强志愿者培训管理、建立志愿服务记录制度、健全志愿服务激励机制等，在大型活动志愿服务过程中都有所体现。以北京园博会志愿者项目为例，在志愿者招募方面，依托准确的志愿者需求评估，建立了社会化动员与高校定向动员相结合的志愿者招募方式。在志愿者培训方面，创新五位一体的志愿者培训模式，充分考虑志愿者来源、志愿者时间安排、志愿者自身需求等因素，打造五位一体的培训模式，即“一网、一书、一课、一营、一岗”互相补充，充分利用多种培训载体，最大限度地让每名志愿者都能通过最合适的方式接受培训①。

大型活动志愿服务制度化，既体现为招募、培训、日常管理的规范化，还体现为政府和社会支持的制度化，政府应当通过立法来保证志愿者服务的系统管理和规范运作，志愿者的招募、培训、考核和表彰奖励，志愿者的权利和义务，志愿者服务的资金使用，志愿者服务中涉及的法律责任等，为大型活动志愿服务的开展营造良好的法制环境。在此基础上，还要制定大型活动志愿者服务专项管理办法，对大型活动志愿服务的宣传、动员、招募、选拔、培训、日常管理等各项事宜做出明确规定，推动大型活动志愿服务规范发展。

习近平总书记在党的十九大报告中指出，推进诚信建设和志愿服务制度化，强化社会责任意识、规则意识、奉献意识。2017 年 12 月 1 日，由国务院颁布的《志愿服务条例》正式实施，这是我国第一部关于志愿服务的专门性法规。与过去相比，志愿服务拥有了更广泛的志愿服务参与主体，除官方推动以外，很多社会组织和人群也参与其中，志愿服务在服务内容方面也有了极大拓展。可以说，志愿服务在推动社会发展的很多方面都发挥了重要作用，是现代文明中越来越不可或缺的一部分。但与此同时，志愿服务也遇到了很多问题，比如很多人不清楚志愿者的定义，不明

---

① 王松涛．论大型赛会志愿服务平台机制：以第九届中国（北京）国际园林博览会为例[J]．中国青年研究，2014（2）．

白志愿服务是谁管理、由谁发起、怎样发起，在现实生活中，违规使用志愿者等问题时有发生……这种种现象的发生，是因为志愿服务还没有充分法治化，《志愿服务条例》只是从法规层面填补了这一空白。

3. 大型活动志愿服务专业化

近年来，志愿服务得到了快速发展，获得了全社会的广泛认可，随着越来越多的人参与志愿服务，在很多活动特别是大型活动志愿服务过程中，专业志愿者的队伍逐步扩大。

以北京奥运会志愿者项目为例，如此大规模的国际性盛会，对志愿者的专业素质提出了更高的要求。北京奥运会、残奥会赛会志愿者 10 万人中，贵宾陪同及语言服务、车辆驾驶、媒体运行、竞赛组织、医疗服务、体育展示及颁奖礼仪、住宿服务、安全检查等方面的专业志愿者就占到了一半。

北京奥运会之后，从广州亚运会、北京园博会等大型赛会志愿服务发展趋势来看，大型活动对专业志愿者的需求也日益增大，尤其是语言服务、应急保障等领域，更需要专业志愿者的参与。

4. 大型活动志愿服务人性化

越来越多的大型活动志愿服务开始重视志愿者文化建设，通过人性化的制度及举措加强对志愿者的人文关怀，营造浓厚的志愿文化，将志愿者打造成大型活动志愿服务中最亮丽的风景线。

案　例

北京园博会志愿服务体现人文关怀

北京园博会志愿者项目在志愿文化建设领域，也走出了一条创新之路。园博会志愿者有专门的文化标识体系，园博会志愿者项目的吉祥物是一只可爱的小蜜蜂，志愿者被亲切地称为“小 V 蜂”。传统大型赛会志愿服务一般采取组织动员途径，由高校或者其他组织进行一对一排班，志愿者岗位类型、工作地点、服务时间等均没有选择余地。北京园博会却在组织动员方面体现了较强的人文化、人性化。

资料来源：王松涛．论大型赛会志愿服务平台机制：以第九届中国（北京）国际园林博览会为例［J］．中国青年研究，2014（2）．

【点评】

北京园博会志愿服务采取上岗前 10 天在网络平台将岗位开放给所有志愿者自由选择，完全尊重志愿者本人意愿，包括时间安排、岗位喜好、个人特长、人岗匹配度等各个方面，充分尊重和保护志愿组织和志愿者的内在自主意愿，增强志愿者的独立性和自主性，而这种人性化正是现代志愿服务的发展方向。

思考与讨论

1. 什么是大型活动志愿服务？
2. 大型活动志愿服务的分类有哪几种？
3. 大型活动志愿服务的特点是什么？
4. 大型活动志愿服务的功能是什么？发展趋势又是什么？

第二章
大型活动志愿服务的设计

引 例

北京奥运会志愿者打造志愿服务平台

北京奥运会的筹办，激发了中华民族对于志愿服务的参与热情，社会公众报名参加志愿服务的需求巨大，申请成为奥运会志愿者的人数以百万计。为了满足数量如此巨大的参与需求，北京奥运会志愿者工作协调小组打造了一个可以容纳170万人参与的志愿服务平台。北京奥运会、残奥会志愿者工作形成了由赛会志愿者、城市志愿者、社会志愿者、“迎奥运”志愿服务、奥组委前期志愿者、奥运会志愿者工作成果转化等六个项目和“微笑北京”主题活动组成的总体格局。围绕这些工作项目，统筹开展了赛前与赛时志愿服务、赛场内和赛场外志愿服务、赛时和赛后志愿服务，社会公众能够全方位参与到奥运志愿服务之中。

赛会志愿者项目面向海内外招募了10万人的高素质志愿者队伍。城市志愿者项目吸引凝聚了40万有志于长期提供志愿服务的志愿者。社会志愿者项目组织百万志愿者在社区、街道提供维护社会正常秩序的各类志愿服务。“迎奥运”志愿服务组织动员社会公众宣传奥林匹克知识、清洁城市环境、提升文明素质。奥组委前期志愿者为奥组委的工作运行提供了50万个小时的志愿服务。奥运会志愿者工作成果转化项目更是为志愿服务事业的长远发展奠定了坚实基础。

资料来源：张晓红，等. 大型活动志愿服务的组织与管理［M］. 北京：中国青年出版社，2014.

大型活动的举办，是一项系统工程，需要广泛调动资源，协调诸多事务。志愿者对于保证大型活动的顺利完成具有重要意义。做好大型活动志愿服务工作，必须在大型活动的整体组织和实施框架内，精心筹备、设立专门的志愿者管理部门，认真做好大型活动志愿服务的项目设置与规划，对所需志愿者进行供求预测，制定系统的志愿者政策与措施，以满足大型活动对志愿者的需求，广泛开展大型活动志愿服务宣传动员，确保大型活动志愿服务顺利实施。本章将对大型活动志愿服务的设计进行较为详尽的阐述。

第一节　大型活动志愿服务的组织机构

在整个大型活动志愿服务的组织实施过程中，组织机构处于“中枢”位置，关系到整个大型活动志愿服务的运作效率，甚至影响着大型活动的成败，其组织机构的筹备和设立是大型活动志愿服务发展的第一个环节。

一、组织机构的设立

影响大型活动志愿服务组织机构设置的因素主要有大型活动的规模、周期以及志愿者需求量。一般而言，规模大和周期较长、志愿者需求量较大的活动，往往会设立常设性的志愿服务组织机构；而规模小、周期较短、志愿者需求量较小的活动，则可能将整个志愿服务的筹备、规划、实施等工作委托给专业的志愿者组织承担。具体来说，机构的设置类型主要有常设型组织机构、临时组建型组织机构和委托外包型组织机构，三种类型各具特色。

一是常设型组织机构。对于那些规模大、周期长、志愿者需求量大的大型活动而言，通常设立常设型组织机构，这有利于提高大型活动志愿服务的运作效率，同时确保志愿者与岗位之间的有序衔接，使活动平稳运转。但是，常设型志愿服务组织机构会在无形之中增加大型活动的运营成本，需要投入专门的精力去维持运转，而且如果人力、物力、财力运作不当，还可能面临机构臃肿、效率低下等管理问题。

案　例

大型活动常设型志愿服务组织机构

在我国，北京奥运会、上海世博会、广州亚运会、天津全运会等大型活动的筹委会或组委会均会设立常设型志愿服务组织机构。以北京奥运会为例，北京奥组委志愿者部作为常设性机构，在奥组委内部，对接相关职能部门、赛会场馆，整理汇总奥运会对志愿者的需求；在奥组委外部，则对接北京市相关政府部门、共青团中央、外交部、高校等部门，构建志愿者的招募、培训、管理机制，较好地发挥了志愿服务工作的“中枢”职能，确保了奥运会、残奥会志愿者工作的稳步推进与圆满成功。

资料来源：张晓红，等．大型活动志愿服务的组织与管理［M］．北京：中国青年出版社，2014.

【点评】

按照国际惯例，大规模、全球性赛会常设志愿服务组织机构来负责承担志愿者的招募、培训、管理等事务。作为组委会或筹委会的组成部门，这些常设型组织机构要对整体赛会志愿服务工作进行筹备规划，与相关部门协调整合各种资源，稳步推进志愿者的招募、选拔、培训、管理、激励等各项工作。

二是临时组建型组织机构。对于部分时间周期较短、志愿者需求量大的大型活动而言，设立常设型组织机构不太实际，需设立临时组建型组织机构以达到在短期内临时抽调人员、调配资源的要求。临时组建型组织机构是通过抽调政府部门、社会组织、企业工作人员组成的临时性的机构，在一段时间内集中精力完成大型活动志愿服务的筹备、运作等各项工作。其既能满足短期内数量巨大的人力资源需求，顺利完成大型活动志愿服务工作，又不会给大型活动的筹备增加额外运营成本，是一种经济实惠的组织模式。不过，临时抽调不同部门的工作人员组成一个团队，而每个部门的组织文化、观念习惯互不相同，如何增强临时组建型志愿服务组织机构的凝聚力，使活动更加有序地进行，值得大型活动志愿服务组织者深入思考。

案　例

世界武搏运动会志愿服务工作的组织机构

2010年8月28日至9月4日，国家体育总局、北京市政府联合举办北京首届世界武搏运动会，为期8天。本届武搏运动会在5个场馆、2个中心、3个酒店共需要志愿者1 000余人，可谓周期短、任务重。为了做好世界武搏运动会的筹办工作，武搏运动会赛时指挥部和运动会组委会决定抽调共青团北京市委、北京市教委、北京市志愿者联合会相关人员组成群众工作部，作为志愿服务工作的组织机构，负责志愿者选拔、培训、管理、保障等工作，并按照各部室的要求派出志愿者；在武搏会后备观众工作领导小组的领导下协调各有关单位开展后备观众的组织工作；负责组织城市志愿者在重点区域继续广泛开展志愿服务活动，积极营造良好的社会氛围。

资料来源：张晓红，等. 大型活动志愿服务的组织与管理［M］. 北京：中国青年出版社，2014.

【点评】

武搏运动会群众工作部不同于北京奥组委志愿者部，不具有独立的编制，没有配备专职工作人员，也没有专门的组织制度，属于临时性的组织机构。

三是委托外包型组织机构。有些大型活动的时间短、志愿者需求量小，没有设立专门的志愿服务组织协调管理机构的必要，此时则可以将整个志愿服务工作打包，委托给专业的志愿者组织承担，这样志愿服务的工作不仅可以顺利完成，而且不会有太高的运营成本。不过，这种模式下的大型活动的组织方与专业的志愿者组织之间不是隶属关系，而是合作关系，双方必须加强对接力度，切忌出现监管缺失、信息不对称、服务留空白领域等问题。

案　例

北京奥运城市体育文化节成立志愿者工作团队

为纪念北京奥运会、残奥会成功举办两周年，2010年8月8日至22日，北京市政府、国家体育总局等单位联合举办第一届北京奥运城市体育文化节。文化节的持续时间不长，筹备工作量不大，志愿者需求量也相对较小，约400人，为了降低运作成本，文化节组委会把活动的志愿服务工作委托给了北京市志愿者联合会。北京市志愿者联合会以协会服务部为主体，成立志愿者工作团队。工作团队分设运行调度指挥部和支持保障指挥部，并以学校为单位，组建了10支高校志愿服务队。服务队不具有独立的编制，工作人员也不是专职的，没有专门的组织制度，属于临时性的机构。

资料来源：张晓红，等. 大型活动志愿服务的组织与管理［M］. 北京：中国青年出版社，2014.

【点评】

北京奥运城市体育文化节运行调度指挥部有效实现了组委会、工作团队、高校志愿服务队的无缝对接、扁平化管理。支持保障指挥部设在北京市志愿者联合会，最大限度地调动了各方力量，形成了强大的支撑体系，为文化节志愿者工作的正常运行提供了强有力的支持和保障。

由于大型活动以及大型活动志愿服务的特殊性，大型活动志愿服务组织机构的设立有一定的要求和原则。

第一，大型活动志愿服务的社会功能主要是传播志愿服务精神，提高城市文明形象，加强社会管理。为达到预期效果，其必须坚持自主性的原则，尤其是在大型活动志愿服务组织机构的设置、运作方面，应当有自己的内在要求和自主能力。大型活动志愿服务的组织机构最好独立设置，不要附属于其他相关机构，这样有利于整合社会资源为我所用，有利于大型活动志愿服务的顺利开展。同时，应当在整个大型活动的筹备过程中，将整个大型活动志愿者组织机构的职责、任务单独清楚列明。与之相适应，使用大型活动志愿者的独立性、自主性要强，不然，志愿者使用的随意性会使志愿者成为“廉价劳动力”，志愿者的合法权益也会受损。比如相关部门不能随意招募、调配志愿者，应当事先向志愿者组织机构提出需求，之后由志愿者组织机构统一汇总、招募、培训、交付其他部门使用。

第二，为更好地加强志愿者管理，服务于志愿者，志愿者部门相对于组委会其他各部门有独立的内部政策、机制、流程。志愿者部门负责招募、保障、激励、后勤、培训、表彰等方面的工作，而这些工作很难纳入组委会其他工作部门的内部运行。建议志愿者部门有相对于其他部门的专门财务系统或运行规则，在政策及法律法规容许的情况下，相对独立地运行本部门的财务工作，并对次一级志愿者部门的财务工作进行规划和指导。

第三，明确责任和分工。大型活动志愿者工作内容一般包括志愿者规划、招募与选拔、培训与岗位对接、考核表彰、激励保障、成果转化等，志愿服务组织机构与其他部门的工作既有交叉又互不归属。在完成招募配岗工作之后，依据“谁使用，谁管理，谁负责”的原则进行职责划分，每个部门对志愿者进行垂直领导，负责业务指导和岗位管理等，志愿者工作部门则主要负责志愿者的激励、保障和团队建设、管理等事宜。志愿者工作部门需要与外围保障团队加强协调沟通，共同处理好志愿者的应急安排、调度调配等事项，与此同时，还要做好城市志愿者与赛会志愿者之间的协调配合。

二、组织机构的职能

在大型活动中使用志愿者，其重要目的之一在于降低大型活动的成本，弘扬志愿精神，提升大型活动的文化内涵。大型活动志愿服务组织机构的职能有三。

一是保证大型活动志愿服务的顺利推进。大型活动志愿服务的特点是短期性、临时性，需要在一定时期内完成志愿者的规划动员、招募录用、培训开发、管理、激励保障、表彰等环节的工作，时间紧、工作量大。与此同时，在大型活动中，志愿者被分到各个部门、各个岗位，相对较为分散、职能多为辅助型，需要设立专门的组织机构，以加大整合人力、物力、财力等各项资源的力度和加强与大型活动组委会其他部门的沟通协调，保证各项工作的顺利推进。

二是提高大型活动志愿服务的工作效率。志愿者具有反应迅速、灵敏，社会动员能力强等特点。志愿者的存在有效弥补了市场机制和政府机制向社会公众提供公共产品等方面存在的“市场失灵”或“政府失灵”等问题，在大型活动中使用志愿者，与使用市场机制或行政机制招募人力资源或调配人力资源相比，具有得天独厚的优势。大型活动志愿服务能够在短期内动员大量志愿者参与其中，有效地满足大型活动对人力资源的巨大需求。然而，作为一种新型的社会资源配置方式，志愿者在服务过程中也可能出现“志愿失灵”等问题，即专业性不足、志愿者流失等，影响到志愿服务活动的进行。解决“志愿失灵”问题就需要在准备过程中，通过专门的组织机构强化对志愿者的培训、激励，弥补其在志愿服务过程中的不足。

三是加快整个社会志愿服务事业的发展。从大型活动志愿服务的发展历史来看，是否设立大型活动志愿服务的组织协调管理机构以及其工作效率的高低，在一定程度上决定了大型活动中志愿者参与程度、发挥效能的高低。20 世纪 90 年代末，由于大型活动组织机构中缺少专门的组织机构，志愿者在很多大型活动中的参与是小规模的；而之后，北京奥运会、上海世博会等大型活动都专门成立了志愿者工作部门，加强对志愿者的管理使用，有了规模大、社会影响广泛的志愿者组织机构，大型活动的运行有条不紊。从最初零星使用少数志愿者，到最终将志愿者纳入整体的工作规划，再到成立专门的志愿者组织机构，我们不难发现志愿者组织的存在十分重要，志愿者已经成为以奥运会为代表的大型活动不可或缺的因素，志愿精神已然成为奥运精神的一部分。

第二节　大型活动志愿服务的项目规划

一、项目调研及开展

（一）概念与工作重点

大型活动志愿服务组织机构成立后的第一项工作是规划，具体来说规划应涉及以下基本内容：人员计划（志愿者总数）、人员点计划（一个岗位多名志愿者轮流服务）、业务口（志愿服务对象的类别）、岗位。为保证各项后续工作平稳有序推进，需要明确大型活动志愿服务组织机构的职责以及制定大型活动志愿服务运作的相关制度。

（二）流程与过程描述

首先是对大型活动志愿服务项目进行评估与调研。随着国内大型活动志愿服务的快速发展，越来越多的大型活动志愿服务组织者认识到：为制订各个运行计划，如招募、动员、选拔、管理、培训等分计划，以及后续的人员配置和现场运行与整个大型活动志愿服务的顺利开展，需要进行全面详细的志愿者需求评估，从而掌握相对明确、岗位分工相对清晰的志愿者需求信息，更好地服务于组织活动。

在项目调研的基础上，大型活动志愿服务组织机构需要了解大型活动的性质、规模等。需要注意的是，在大型活动的筹办过程中，志愿服务组织机构应当明确自身岗位职责，既不能越俎代庖超越自身权限，过多地干涉活动运行，也不能因为工作的志愿性，而放弃履行最起码的义务。

（三）实操与案例分析

北京奥运会志愿者工作的领导组织系统庞大、管理主体多元、管理目标立体多维、管理过程动态多变，这些都对奥运会志愿者的准备工作，尤其是相关管理主体的职责分工提出了很高的要求。北京奥运会志愿者工作的主要特点是项目众多，为确保各项工作稳步推进，北京奥运会志愿者工作协调小组统一领导，对共青团北京市委、北京奥组委志愿者部在职责上进行相应的分工。共青团北京市委主要负责协调并指导开展社会志愿者、城市志愿者、啦啦队志愿者工作。而北京奥组委志愿者部的工作职责则包括：第一，负责研究制定前期志愿者、赛会志愿者工作的基本原则、政策、标准、制度、程序、运行计划等事项；第二，开展前期志愿者工作；第三，规划协调并指导开展赛会志愿者工作；第四，组织赛会志愿者的通用培训工作，指导赛会志愿者专业培训；第五，开展志愿者的宣传工作；第六，规划赛会志愿者赛时运行工作，协调落实志愿者技术系统建设工作。

二、志愿服务项目的方案设计

（一）概念与工作重点

大型活动志愿服务项目的设计方案是大型活动志愿服务的重要组成部分。在很大程度上，通过预测大型活动对志愿者的需求，明确大型活动志愿服务项目，策划大型活动志愿服务的推进过程，决定了大型活动志愿服务的效果和质量，即高水平的大规模的志愿服务需要高层次的方案来规划。

（二）流程与过程描述

一是制定总体规划。大型活动志愿服务总体规划是大型活动志愿服务开展的总提纲，它定义了大型活动志愿服务的时间表和路线图，提出了大型活动志愿服务的总体工作框架。总而言之，制定总体规划对于大型活动志愿服务的具体组织实施具有重要意义。

大型活动志愿服务总体规划项目包括：第一，大型活动志愿服务的总体目标、详细工作任务以及工作原则；第二，大型活动志愿服务的组织机构的组成框架、职责落实及人员分配；第三，具体实施项目的策划、内容及主要参与主体；第四，招募以及培训管理等主要环节的指导原则；第五，推进阶段性任务分解，确定各个阶段的不同任务；第六，后勤保障、经费来源、理论研究、表彰和激励等支持系统。

案 例

G20 杭州峰会制定专门工作实施方案

G20 峰会领导小组、医疗卫生与志愿者服务部等制定了《2016 年 G20 杭州峰会志愿服务工作实施方案》。该方案分为指导思想、工作职责、成员单位与责任分工等几大部分。同时，还制定了《2016 年 G20 杭州峰会志愿服务工作领导小组办公室各部门职责分工方案》《2016 年 G20 杭州峰会志愿服务工作保障和激励方案》《2016 年 G20 杭州峰会志愿服务工作服装方案》等。

【点评】

为确保 G20 杭州峰会志愿服务工作的高标准、高质量、高水平，切实服务好峰会各项重要活动和国内外嘉宾，志愿者管理方制定了一系列相关方案，从宏观层面对志愿服务工作进行了设计。

二是调研和规划志愿服务项目。一般来说，对大型活动志愿者需求的评估主要包括大型活动所需的志愿者人数、岗位分工需求、志愿者的专业水平和胜任资格要求以及相应的配套资源等多个方面。大型活动志愿服务组织机构应当与组委会相关职能部门、场馆密切沟通协调，做出判断，准确分析并汇总形成综合统计数据表，最终形成包含岗位名称、岗位基本条件、岗位职责、人员计划、人员点计划等信息的志愿者岗位清单。在整个志愿者人力资源规划阶段，科学合理地设计大型活动志愿者总体人员计划和各部门、各环节、各时期、各场馆等的具体需求通常是最具挑战性的工作。设计具体需求不但要控制总体人员计划，而且需要按照服务标准配备足够的志愿者。

此外，对志愿者岗位清单、详细岗位进行确定也是对志愿者工作规划的梳理。最终设定志愿服务项目和岗位的本质是明确每一名志愿者、每一个岗位的具体工作，是各个部门不断交流、设计的过程，也是所有参与者对整个活动志愿者工作思想和志愿者战略的理解、学习和统一的过程。志愿者人力资源规划的确定与志愿者通用政策和保障政策的确定同等重要，甚至在很多方面，志愿者岗位与人员计划的确定是通用政策和保障政策制定的基础。

案　例

G20 杭州峰会对志愿服务需求进行数轮调研

按照《2016 年 G20 杭州峰会志愿服务工作招募方案》要求，主办方要在 2015 年 5 月至 8 月对志愿服务情况进行摸底调研。一是对志愿者资源摸底调研，发函至浙江省内各高校，摸底高校外语类、骨干志愿者资源情况；二是对志愿者需求进行摸底调研，发函至峰会各部门，初步界定志愿者岗位范围，汇总需求数量。

【点评】

G20 杭州峰会主办方根据摸底调研情况形成调研报告，进而研究志愿者招募方式，为更好地开展峰会志愿服务打下了良好基础。

三是设置志愿服务项目。社会公众对于社会关注程度高的大型活动的参与热情高，这就需要组织者根据不同年龄、不同阶层群体的参与需求设置各种志愿服务项目，进而激发社会公众的参与热情，充分发挥大型活动的无形影响力、凝聚力，并将其最终转化为群众精神文明创建活动的载体。

四是有序推进项目规划。对于大型活动志愿服务，特别是那些运作周期较长的大型活动志愿服务，在不同的阶段，如前期筹备、全面推进、测试磨合、赛前整合、赛时运行、成果转化等，其工作内容、工作重点存在着显著的差异，因此在进行大型活动志愿服务规划过程中，应当充分考虑这种差异性，对不同阶段的工作重点进行明确，形成具体的时间表，确保各项工作环环相扣、圆满完成。

案　例

广州启动实施“青春亚运”计划之志愿者行动规划

为了顺利筹办 2010 年广州亚运会，广州启动实施了“青春亚运”计划之志愿者行动规划。这项行动规划将整个亚运会的筹办过程划分为不同的阶段，突出不同的主题：2005 年 6 月至 2006 年 6 月为志愿服务理念社会推广阶段，2006 年 6 月至 2007 年 6 月为志愿服务基础工作深化阶段，2007 年 6 月至 2008 年 6 月为志愿服务专项工作推广阶段，2008 年

6 月至 2009 年 6 月为志愿服务专项工作深化阶段，2009 年 6 月至 2010 年 11 月为志愿服务专项工作强化阶段。

资料来源：张晓红，等. 大型活动志愿服务的组织与管理［M］. 北京：中国青年出版社，2014.

【点评】

“青春亚运”计划之志愿者行动规划在不同阶段主题不同，重点也不同，将实施“青春亚运”计划之志愿者行动规划与广州创建文明城市、推进城市现代化建设、加强广州青年文化建设等城市建设结合起来，不仅确保了亚运会志愿者工作的顺利完成，还对城市建设产生了积极的推动作用。

第三节　大型活动志愿服务的动员与宣传

大型活动志愿服务要吸引社会的广泛关注，获得人力、物力、财力等各方面的支持，就必须通过积极有效的宣传动员，达到传播志愿服务理念和志愿精神、提高社会志愿服务参与率、提升志愿服务组织透明度、塑造与提升志愿者形象的目的。

一、大型活动志愿服务的动员

（一）概念与工作重点

在现阶段的大型活动志愿服务动员中，传统的、以行政为主导的动员方式仍然有着得天独厚的优势，但随着社会的发展，社会化动员越来越成为必要之举。大型活动志愿服务的动员，必须将组织化动员与社会化动员结合起来，在充分发挥传统组织优势的同时，更加注重新技术、新媒体的使用。

（二）流程与过程描述

动员的方式可以分为组织化动员、社会化动员、组织化动员与社会化动员相结合三种类型。

第一，组织化动员。当前，我国大型活动志愿服务主要采取组织化动员方式，通过行政命令、组织渠道发动志愿者参与。这种方式充分发挥了行政力量的管理、渠道等优势，将高校、机关等体制内有志参与志愿服务的人群动员起来，为大型活动志愿服务项目贡献自己的力量。从动员的自主性来看，组织化动员的问题是动员难以充分保证自愿性、客体范围窄等，但是组织化动员效率高、快捷方便，因此仍是大型活动志愿服务进行动员的主要形式。

大型活动志愿服务的组织化动员具有以下特点：动员主体以具有党政背景的机构为主，包括政府机关、人民团体以及相关协调机构、议事机构。北京奥运会志愿者工作协调小组是北京奥运会志愿者工作的最高管理机构，由团市委、奥组委人事部、奥组委志愿者部、市委宣传部、首都文明办、市委教育工委、市教委、市外办、市台办、市侨办、市总工会、市妇联、市残联等部门组成，这个组织实际上已成为北京奥运会志愿者组织化动员的枢纽，对整个奥运会志愿者工作发挥体制优势，综合各方力量完成志愿者工作。

第二，社会化动员。社会化动员近年来越来越受到广大志愿者组织的青睐，主要依靠社会网络和大众传播媒介展开动员，便于提升公众的认同感，与志愿服务提倡的自愿、自主精神相一致。因而，其在大型活动中的使用频率越来越高，相比组织化动员，社会化动员的方式具有以下特点：

一是动员主体以社会组织为主。在北京奥运会、残奥会志愿者“6＋1”的项目模式中，“微笑北京”主题活动这一群众性志愿者活动通过社会化动员的方式进行，而其动员主体就是北京市志愿者联合会。

二是社会化动员的对象往往更加多元，有着不同阶层、职业、年龄、民族等的动员对象。例如“微笑北京”主题活动参与人数达百万之多，这其中既有像 103 岁仍然活跃在社区巡逻一线的志愿者付漪泉一样的老人，也有如志愿活动中扮演“福娃”的河北 6 岁“真人版五福娃”般的童稚学子；面临的群体既有普通居民，也有干部专家。

三是社会化动员的发动方式更加接地气。一方面，能够成功动员公众参与的项目都有一个关键前提，就是能抓住人心。怎么抓住人心？其要点在于项目关注的问题是社会普遍存在的问题，所面对的服务对象是能引起大家关注的群体。另一方面，社会化动员大都借助“草根”的平民化传播渠道，例如通过网络论坛、博客、QQ 群等进行动员。

四是社会化动员的参与更加有效、持久。社会化动员是具有很强的生命力的基于志愿者自愿、自主参与的一种机制。很多志愿者也是凭借对志愿活动的认同一次次克服其所面临的困难，持续参与志愿活动。

五是社会化动员机制更加灵活。在互联网时代，网民自发成立网络公益组织，通过凝聚网民志愿者的力量开展相关公益活动。网络公益组织的一般特点是规模不大但效率高、运转成本低，由于其所包含的成员地理位置分布广泛，线上开展活动便于突破空间障碍，其所涉及的社交圈往往能渗透到社会底层，能最大程度地满足受助者的需要。

第三，组织化动员与社会化动员相结合。将组织化动员与社会化动员结合起来，既充分发挥传统的组织渠道优势，又合理运用社会化动员有效扩大志愿者参与的特点，有利于志愿精神在全社会的传播。

案　例

北京奥运会城市志愿服务项目（蓝立方）

北京奥运会城市志愿服务项目（蓝立方）就采取了组织化动员与社会化动员相结合的方式，既依托体制，又面向社会，吸纳全社会参与，包括企业的参与。

所谓“依托体制”，是指“蓝立方”项目的招募、运行、保障主要是采用“属地管理加对接”的方式来进行的。组织方先依据奥运会赛会运行的需要，对“蓝立方”站点的设置进行合理规划。再由站点所在区县的团委对各个站点进行“认领”，以站点所在地区的团委为主责单位，全面负责站点的筹备、运行事宜。各区县再根据其分到的站点数量，将每个站点交由各个街道团委或者站点周边区域的机关、企业单位的团委“认领”。与站点进行“对接”的团组织是责任单位，要负责组建一支志愿者队伍，并做好志愿者面试、选拔、确认、培训等相关工作，赛会期间组织志愿者提供城市志愿服务。公众如果有意愿参与城市志愿服务，就要先登录所在区（县）的团委网站进行网上报名，或者到所在区（县）的街道办事处团工委、乡镇团委填写、提交纸质报名表进行报名。整个招募流程主要包括申请人报名、材料审核、测试、背景审核、发出录用通知等。这样，将面试、选拔、培训、组织、保障等具体的任务分解到各个站点后，就大大减轻了组织方的工作压力，并确保了志愿者的安全、可靠。

所谓“面向社会”，是指项目的对象面向所有人，而不是仅仅面向体制内的公众。为了让尽可能多的公众了解项目、参与项目，组织方使用了“立体化”的宣传方式，对“蓝立方”项目进行全方位、多角度的“轰炸式”宣传，尽最大努力宣传、倡导“蓝立方”项目。

所谓“企业参与”，是指所有“蓝立方”站点都是由企业捐建的，由企业提供站点设施、设备、志愿者服装和其他物资支持。站点建成后，绝大部分交由站点所在区县团委具体运行，也有一部分由企业自己组织志愿者运行。2008 年 4 月和 5 月，北京奥运会志愿者工作协调小组分别与中国移动和 VISA 两家公司签订协议，由两家企业负责为城市志愿服务的开展提供站点设施支持，并提供资金、服装、设备的保障。

资料来源：张晓红，等. 大型活动志愿服务的组织与管理 [M]. 北京：中国青年出版社，2014.

【点评】

将组织化动员与社会化动员结合起来，既充分发挥传统的组织渠道优势，又合理运用社会化动员有效扩大志愿者参与的特点，有利于志愿精神在全社会的传播。

二、大型活动志愿服务的宣传

在一定意义上，宣传是动员的手段。无论是组织化动员方式，还是社会化动员方式，都得依靠高效率、高水平的宣传工作体系。宣传关系到志愿服务的形象，关系到活动能否招募到足够多的优秀志愿者。在“人人都有麦克风”的新媒体时代，甚至关系到大型活动志愿服务的成败。

（一）概念与工作重点

大型活动志愿服务宣传工作的主要内容包括：第一，介绍其工作进展，提高大众对大型活动志愿服务的了解、认同程度；第二，展示志愿者的工作状况，树立优秀典型，弘扬志愿服务精神，促进社会精神文明建设；第三，开展志愿者主题宣传教育活动，在全社会营造关注、参与和支持志愿服务事业发展的良好氛围。

（二）流程与过程描述

一是发布权威信息。志愿服务事业是一项“人人可为、时时可为、处处可为、事事可为”的开放性公益事业，大部分公众积极关注大型活动志愿服务，希望了解相关权威信息，并志愿投身大型活动志愿服务的全过程。大型活动志愿服务组织机构应该积极做好信息公开工作，保证公众能够了解大型活动志愿服务的渠道，通过主动召开新闻发布会、媒体见面会等方式，确保公众能充分地享有知情权。

案　例

北京奥运会、残奥会志愿者工作权威信息发布

第一，奥组委官方网站志愿者频道成为发布志愿者信息的综合平台。从2006年8月赛会志愿者招募启动至奥运会结束，奥组委官方网站志愿者频道共刊发志愿者消息4 000余条，刊登50余万字的培训材料、2万余字的志愿者手记，成为媒体和公众了解志愿者消息的官方渠道。第二，确定了志愿者招募宣传口径，收录各种问题口径500多个，为志愿者工作人员对外宣传提供政策依据，与此同时，开设“奥运呼叫中心志愿者咨询热线12308”，共接受咨询电话7万余个，使之成为发布志愿者招募政策、解答申请人提问的重要窗口。第三，定期召开奥运会志愿者工作新闻发布会、媒体见面会、座谈会30余次，邀请媒体为志愿者宣传工作出谋划策、添砖加瓦。第四，印发系列志愿者宣传材料，制作奥运会、残奥会志愿者系列宣传片，发放志愿者系列海报，向全社会宣传志愿服务的相关政策。

资料来源：张晓红，等．大型活动志愿服务的组织与管理［M］．北京：中国青年出版社，2014.

【点评】

大型活动志愿服务组织机构可以通过官方网站通知，举办新闻发布会、媒体见面会、座谈会，编发志愿者相关消息等途径进行信息公开，及时发布权威志愿服务信息。

二是展示志愿者风采。在大型活动志愿服务过程中，志愿者弘扬“奉献、友爱、互助、进步”的志愿精神，默默无闻地奉献自己的力量。他们是顺利举办大型活动的基石，为提升城市文明形象、促进社会文明进步做出了建设性的贡献。从精神文明建设和道德建设的方面来说，每一名大型活动的志愿者都是道德建设的主体，是社会道德建设的中坚力量。在大型活动中，对志愿者展开宣传报道、展示优秀志愿者的风采与积极事迹，对于激发志愿者的服务热情，促进志愿服务在社会中的宣传与普及，以及道德建设、精神文明建设都大有裨益。

案　例

中国文明网对 G20 杭州峰会志愿者工作进行专题报道

G20 杭州峰会志愿者让游客惊叹：怎么可以这么棒！

这几天，G20 杭州峰会志愿者——一朵朵的“小青荷”已悄然绽放在杭城各个角落。他们身着蓝绿色调、融合杭州元素的志愿者服装，清新、婉约，犹如西湖的水、西湖的山，站在各自的岗位上为来宾服务。

昨天，记者路过柳浪闻莺的微笑服务亭，几位志愿者正在服务，面带微笑，笔挺地站着，向游客行注目礼，而当游客的目光与他们交融时，他们又行鞠躬礼。

一位游客当场发出了惊叹：“哇，怎么站得这么笔直，这么棒！”

…………

资料来源：http://www.wenming.cn/syjj/dfcz/zj/201609/t20160901_3652990.shtml.

【点评】

团中央志工部联合共青团浙江省委、共青团杭州市委对 G20 杭州峰会志愿者工作进行深度挖掘，协调《中国青年报》等团属媒体、《光明日报》《人民日报》等国家级媒体对 G20 杭州峰会的志愿者工作进行跟踪采访和报道。

三是开展主题宣传活动。在大型活动志愿服务的准备过程中，开展相关主题的一系列宣传活动，有利于营造志愿活动的参与氛围，进一步激发全社会参与大型活动志愿服务的热情。

思考与讨论

1. 大型活动志愿服务组织机构有哪几种设置类型？
2. 大型活动志愿服务组织机构设立的要求和原则是什么？
3. 大型活动志愿服务的动员方式有哪几种？它们分别有什么特点？
4. 如何开展大型活动志愿服务的宣传工作？

第三章
大型活动志愿服务的招募

引 例

志愿者报名条件

赛会志愿者

(1) 2017 年 9 月在天津学习的在校大学生，自愿参加第十三届全国运动会志愿服务。

(2) 年龄在 18 周岁以上 (1999 年 9 月 1 日之前出生)，身体及心理健康。

(3) 必须具有良好的道德品质，无不良行为记录。

(4) 能够全程参加上岗前的培训及相关活动，成绩合格。

(5) 具备志愿服务岗位必需的专业知识和技能。

(6) 能够保证在组委会规定的时间内，连续参与志愿服务。

(7) 遵守组委会各项政策和规章制度，服从组委会对服务岗位的安排，服从组委会的指挥、调配，服从所在志愿服务团队的管理。

(8) 履行经本人签署的志愿服务承诺书，按时完成志愿服务工作任务。

(9) 中共党员、有大型赛会志愿服务经验者优先。

礼仪志愿者

(1) 满足赛会志愿者的各项要求。

(2) 女性，身高 168～178cm，体重 45～60kg。

(3) 身体健康，体态匀称，腿部曲线柔和流畅，面容端正，无严重眼疾，牙齿排列整齐，无带色青春痘，有气质风度。

（4）没有与任何经纪或代理机构签订任何经纪或代理合同。

（5）表演、舞蹈、空乘、旅游管理（酒店管理）等相关专业或具有礼仪志愿服务经验的申请人优先。

资料来源：《关于开展第十三届全运会志愿者选拔工作的通知》。

志愿者招募是一个动态过程，是志愿服务项目管理中的基础环节，看似简单易行，但却是大型活动志愿服务能否成功的关键因素。根据组织及服务对象的需求和目标进行的有效的志愿者招募工作，既可以选拔寻找合适的志愿者，又可减少志愿者培训及相关能力开发的费用，进而为志愿者招募组织节约成本。此外，有效的志愿者招募有助于志愿者组织吸纳新鲜力量、完善组织的合理配置、增强志愿者组织的稳定性和减少人员的流动。

综上所述，志愿者招募工作是志愿服务项目运行管理的第一环节，行而无效的招募将引发影响日后管理的问题，更谈不上志愿者的岗前培训、上岗服务、服务激励等管理工作。本章将主要介绍志愿者招募过程中的关键环节和流程。

第一节 大型活动志愿者招募的概述

一、招募的释义

大型活动中的志愿服务包括对志愿者自身的服务、对组织方的服务、对参与活动者的服务、对观众的服务、应急服务等多种类别的服务，分类复杂繁多，需要庞大数量的志愿者，志愿服务领域广泛。大型活动志愿者的招募是指通过公开、定向的方式面向社会、特定单位或机构等，根据大型活动志愿组织方提供的工作岗位设置和志愿者需求，制订招募方案，方案中包含招募方式、招募数量和招募条件，采用广泛的宣传方式发布招募信息，按照一定的筛选、水平测评和流程对申请者进行选拔并录用的过程。

二、招募的功能

1980 年，普莱西德湖冬奥会正式开启了大型活动志愿者招募工作，同时开启了奥运会中志愿者管理里程碑式的发展道路，并开始不断完善奥运会志愿者管理的工作机制。这届冬奥会共招募 6 703 名志愿者，他们为奥运会的成功举办发挥了不可磨灭的作用。2008 年，北京奥运会、残奥会组委会面向社会各界共招募约10万名志愿者，同时，志愿者招募工作成为奥运会志愿服务项目的重要组成元素，充分体现出北京奥运会、残奥会志愿者工作“有特色、高水平”。因此，志愿者的招募是大型活动志愿者管理的基础环节。符合招募条件和数量需求的志愿者参与到志愿服务中，既保证了活动中人力资源的充足，又保障了活动的有序开展。志愿者招募工作结束后，才能陆续开展志愿者的培训、保障、管理、激励等一系列工作，志愿者招募工作是大型活动中志愿者筹备和运行阶段的基础性工作，只有完成了志愿者的招募工作，才能组织开展志愿者的管理工作。

三、招募的方式

大型活动招募录用方式分为公开性的社会招募、集中性的组织招募、通过社会组织招募、定向招募四种。这四种招募方式利弊共存，而且它们不是截然分开、相互排斥的。因此，在大型活动招募中通常采用以一种招募方式为主体方式、其他多种招募方式并用的方法。

一是公开性的社会招募。此招募方式充分运用新媒体、电视、报纸、宣传栏等传播媒介进行宣传，在全社会广泛开展志愿者招募工作。在2008年北京奥运会的前期准备工作中，组委会就是在社会广泛招募志愿者。自2006年8月28日报名正式启动，到2008年3月31日报名全部结束，北京2008年奥运会志愿者报名历时超过一年半。北京奥组委共接受社会各界1 125 799名申请人报名，其中908 344人同时申请参加残奥会①。此类招募方式的优点在于成本低、辐射范围广、报名人数多等，但同样伴随着缺点的存在，招募花费时间长，针对性差，招募到具备志愿服务专业技能的志愿者的概率小等。

二是集中性的组织招募。政府高度重视大型活动的组织工作，利用政府的权威性来推动志愿者的招募工作，在全社会弘扬志愿精神。例如：1948年伦敦奥运会、1980年莫斯科奥运会以及1988年汉城奥运会的志愿者招募都采用了政府动员的模式②。此外，组织化动员的招募方式也被应用在广州亚运会志愿者招募工作中。广州亚运会志愿者招募在学习和借鉴北京奥运会、上海世博会志愿者招募经验的基础上，结合地区社会状况和文化习俗，充分发挥现有组织动员体系的优势，在党和政府的统筹

---

① 北京奥运会志愿者工作协调小组办公室，等. 奥运先锋［M］. 北京：人民出版社，2009：3.

② 田丽娜，等. 大型活动志愿者招募机制探究［J］. 中国青年政治学院学报，2013（4）：43-46.

领导下，创造出亚运会志愿服务的“广州模式”，即组织化动员、社会化运行、市民化参与、时尚化引领、国际化合作的模式。广州亚组委志愿者部广泛动员和吸引不同年龄、不同层次的市民参与亚运服务。组织化动员招募的方式能够有效发挥政府行政组织的公信力，发挥群团组织的动员优势，既吸引了组织体制内部（如高校共青团组织）的成员，又吸引了组织体制外的社会公众，确保了招募工作的效率与质量。

三是通过社会组织招募。通过社会组织进行志愿者招募即利用社会组织或者非政府组织的平台进行的志愿者招募，其特点在于能够动员已经存在于国家、本地甚至家庭层面的社会团体参与志愿服务。例如，1996 年亚特兰大奥运会组委会就组成了一支由民间、社区和商业团体构建而成的“奥运力量”，他们承担了大量的志愿服务项目。1 600 多个社团——各种各样的团体，从徒步俱乐部和专业团体到文化组织和园艺俱乐部都加入由奥运会组委会领导的奥林匹克大军，积极参与服务项目。

四是定向招募。根据志愿者岗位的职责和专业需求，有针对性地招募一些有特殊技能、专业知识以及丰富志愿服务经验的志愿者上岗，保证志愿者招募工作高效进行。例如，2005 年第二届中国网球公开赛中，组委会采取定向招募方式，即组织相关高校招募具有特殊技能、专业知识和志愿服务经验丰富的大学生。最终录用的 240 名志愿者中，有 200 名志愿者来自首都体育学院，同时北京外国语大学提供项目所需的外语志愿者，仅有少部分志愿者是通过社会招募参与到服务中的。再比如，2010 年第 29 届世界音乐教育大会就有针对性地分别在中国音乐学院、中国传媒大学、北京语言大学三所高校共招募 560 名专业志愿者，这些志愿者在大会期间为大会的学术会务组、演出组、接待组、秘书联络组、后勤组、安保组、宣传组等提供了专业性的服务，为大会储备了充足的人力资源，为大会活动的开展提供了重要保障。

多数大型活动的志愿者招募工作采用以某种招募方式为主，其他几种招募方式并用的灵活的方式，多管齐下，最大限度地保证招募到的志愿者的数量、志愿者的质量以及其与岗位的匹配度。如：第 21 届世界大学生运动会志愿者的招募工作就是采用了“以组织动员为主、社会招募为辅”的招募方式。组委会联合共青团系统发动中国人民大学、北京大学、清华大学、北京体育大学等 50 多所北京高校，共青团北京各区委，北京市第 125 中学以及 14 个重点企业的青年来参与志愿者招募工作，采用电话、信件、电子邮件及团体等方式进行报名，招募工作截止时，共有 5 万多人登记报名。

第二节　大型活动志愿者招募的基本流程

大型活动志愿者招募是组委会吸引申请者并从中选拔、录用合格志愿者的过程，目的是吸纳适当的申请者，并将其安排在适当的工作岗位上。应建立大型活动志愿者招募的基本模式，在该模式的指导下，设计符合需求的工作方案，招募到满足需求的合格志愿者，储备充足的人力资源，保证大型活动的顺利开展。大型活动志愿者招募的基本流程如图 3－1 所示①。

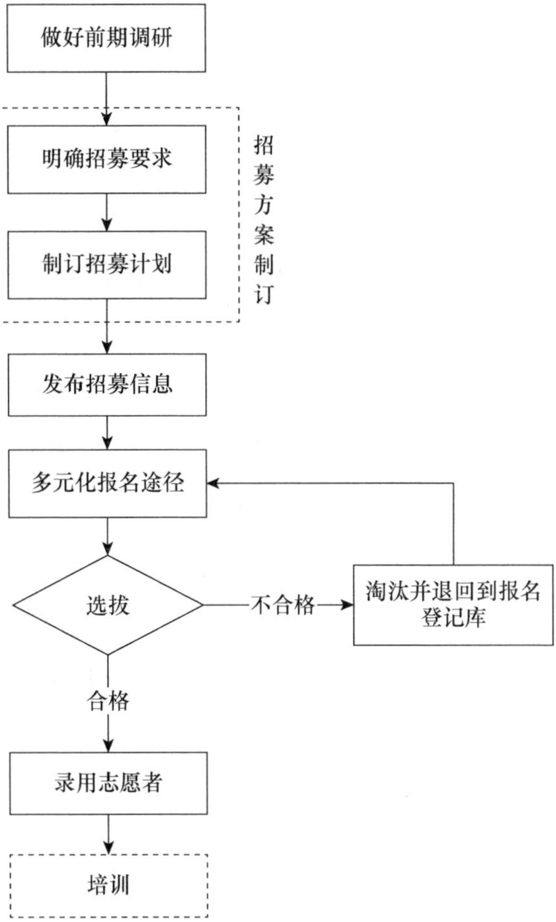

图 3－1　招募基本流程

① 张晓红，等．大型活动志愿服务的组织与管理［M］．北京：中国青年出版社，2014.

一、招募调研

（一）概念与工作重点

能否招募到与实际岗位相匹配的、相当数量的和具备相应素质及水平的志愿者是大型活动志愿者招募工作成功与否的关键。“凡事预则立，不预则废。”可见，前期调研和志愿者的需求统计工作在大型活动志愿者招募工作中是非常重要的。前期调研是关键，需求统计是第一步，通过这两个方面的有机结合，可以实现对志愿者数量和岗位的初步了解，从总体上对志愿者招募工作进行把握和控制。

在大型活动中，只有精确统计需要的志愿者数量，科学设置志愿者岗位，对志愿者进行合理分工，才能保证志愿者招募工作的有序顺利进行。如果忽视了前期调研和志愿者需求统计，就很容易导致后续工作的混乱，从而产生一系列的问题。

（二）流程与过程描述

在前期调研和需求统计阶段，首先，需要针对志愿者需求和资源进行调研工作，汇总各部门的志愿者需求情况，了解志愿者资源状况；其次，需要根据服务场所对志愿者的需求情况，从志愿者人数、类型、来源单位、岗位名称、能力要求、服务时间等方面进行全面设置和汇总，下发《确认各处志愿者需求情况的通知》《志愿者岗位需求统计表》《志愿者岗位内容》；再次，根据大型活动的规模、志愿者数量、岗位需求情况确定具体的招募方式，制订相关的招募方案；最后，根据招募方案，形成初步的志愿者宣传方案和培训方案。

从工作方式来说，采取以直接调研为主、以交流调研为辅、以测试活动为实践检验平台的方式。首先，需要到志愿者需求部门直接调研，对志愿者的岗位需求和数额需求进行充分细致的了解；其次，在直接调研的基础上，分析和论证调研的数据，再到相关的职能部门进行交流调研，并就志愿者招募工作开展专家咨询，深入分析志愿者需求的合理性；最后，通过测试活动的方式，根据指定的招募方案对各场所工作团队志愿者的需求人数、岗位设置及班次安排等进行实地演练和全面审核，并做出相应调整和总结，以满足正式活动运行的需要。

（三）实操与案例分析

1992 年巴塞罗那奥组委事先没有对志愿者要完成的任务做出规划与分析，结果注册的 102 000 名志愿者不知该做什么，这对于保持志愿者的热情和积极性产生了不利的影响。2000 年悉尼奥运会因为工作分析的偏差出现交通疏导员数量不足的问题，但由于组委会及时招募了几千名熟悉悉尼街道和奥运会相关场馆的临时志愿者，这才避免了一场由于事先估计不足而引起的混乱。与此相反的是 2002 年盐湖城冬奥会志愿者计划，组委会赛前经过严密的分析与推测，准确计算出了奥运会所必需的志愿者数量，为按部就班地实施各个阶段的计划奠定了良好的基础。2005 年中国举办的第十届全国运动会在志愿者工作分析方面做了大量细致工作，这成为志愿者管理的一个亮点。北京奥组委吸取以前奥运会的经验和教训，非常重视志愿者的招募工作。2006 年 5 月，在北京奥组委各部门内先后完成了四轮需求调研，形成了相关调研报告，为志愿者招募工作的开展提供了依据①。

案　例

《大型活动志愿者岗位需求表》

______项目（__________场馆）志愿者岗位需求统计表

场馆志愿者需求总数			场馆对接人员			联系方式			电子邮箱		
岗位名称	岗位工作性质及内容（请详细描述）	志愿者人数	特殊要求（如专业、性别等）	服务时间（×年×月×日—×年×月×日）	每日服务时长（×时×分—×时×分）	每日服务班次（早/晚/全天）	需要集中住宿人数	需要提前上岗人数	提前上岗时间	参加测试赛人数	备注

资料来源：全运会组委会相关资料。

【点评】

在大型活动志愿者招募过程中，岗位前期的调研工作至关重要，精准的岗位需求统计可以明确招募的要求，根据岗位需求可以制订准确的招募计划，为志愿者招募工作奠定好的基础；相反，如果从刚开始，志愿者招募计划的设置就与实际需求不符，那么会直接导致志愿者招募之后的一系列问题。

① 田丽娜，等．大型活动志愿者招募机制探究［J］．中国青年政治学院学报，2013（4）：43-46.

案　例

《第十三届全运会志愿者岗位内容》（节选）

竞赛运行支持。竞赛运行志愿者主要为全运会所有竞赛的准备与运行提供支持与服务，如竞赛设备的准备与整理回收，比赛成绩的录入、校对、统计与打印分发，体育展示等。竞赛运行志愿者要具备一定的计算机应用基础，身体健康，有较强的综合协调能力和应变能力及其他专业能力等。

场馆运行支持。场馆运行志愿者为保障场馆运行顺畅提供服务。场馆运行志愿者服务工作与其他志愿服务岗位的工作相交织，根据任务不同，又可分为观众服务、新闻运行、信息技术、礼宾、后勤保障等。其中，观众服务志愿者要具备良好的沟通能力、应变能力和应急事件处理能力，熟悉赛事的安排以及场馆四周的城市信息。

技术运行支持。技术运行志愿者主要负责为赛事提供通信、网络、IT设备维护、竞赛软件系统运行保障、信息与网络安全等技术支持服务，保证各种互联网技术设备和系统在赛时正常运行。一般要求技术运行志愿者具备与计算机专业及其相关的知识背景，熟悉相关设备和应用软件的操作。

新闻、广电与媒体运行支持。新闻宣传志愿者负责协助组委会的新闻发布和对外宣传工作，包括新闻发布会服务、媒体记者接待工作，文案、展览活动的策划和实施，官方网站管理等工作，应具备较强的新闻稿件和公文写作能力、沟通应变能力、计算机应用能力等。广播电视与媒体服务志愿者工作分为广播电视转播服务和新闻媒体运行协助，主要任务是在新闻中心、场馆媒体中心、广播电视转播中心等处进行接待、接受咨询等，应具备良好的沟通协调能力、解决投诉能力等。

文化活动组织支持。文化活动组织志愿者主要围绕全运会期间开展的大型文化活动特别是开、闭幕式提供志愿服务。文化活动组织志愿者应气质优雅，反应机敏，具有很强的敬业精神，坚守岗位、尽职尽责。

全运村运行支持。全运村运行志愿者提供的服务包括接待、餐饮、住宿、交通、注册、物流、票务等方面的服务，服务对象为运动员、官员、媒体记者、工作人员等各类客户群。全运村运行志愿者要具备良好的服务意识、端正的服务态度和专业的服务技能，为各类客户群提供细致入微的服务。

礼仪接待服务。礼仪接待志愿者主要负责颁奖礼仪服务，以及各类重要场所的迎送、陪同、引导等窗口接待工作等。礼仪接待志愿者应有较丰富的接待工作经验、较高的思想道德修养、较好的形象气质等。

市场开发服务。市场开发志愿者主要负责维护组委会和全运会赞助商的权利和利益。主要工作是赞助商接待、赞助商品牌保护巡视以及特许商品咨询与特许经营。市场开发志愿者需要有很强的责任心和敬业精神，需要了解市场营销法律知识等。

安全保卫服务。安全保卫志愿者主要协助相关部门做好全运会安全保卫工作，包括帮助观众通过安检等，它是赛会安全保卫工作的重要组成部分。

医疗卫生服务。医疗卫生志愿者在赛会期间协助为参赛运动员、官员、观众、志愿者、媒体记者及赛会其他工作人员提供即时的医疗服务，协助相关机构进行卫生防疫、检疫、兴奋剂检测等工作。

兴奋剂检测服务。反兴奋剂部志愿者在赛会期间，协助兴奋剂检查站、宣传教育工作站做好运动员兴奋剂检测陪护工作。

其他服务。主要是协助完成组委会各部门交办的志愿服务任务，包括语言服务、团队联络、资料查询、数据录入等。

资料来源：全运会组委会相关资料。

【点评】

全运会志愿者岗位包括竞赛运行支持、场馆运行支持等 12 大类，作为国内大型体育赛事的代表，全运会的志愿者岗位设置基本满足了赛事的需求，具有一定的参考意义。

二、招募方案制订

（一）概念与工作重点

针对大型活动志愿服务中服务对象的多样性、工作领域的广泛性、特殊岗位的专业性、业务水平的高标准性的特点，在大型活动志愿者招募过程中，需要在注重志愿者数量的同时，对志愿者的岗位设置进行分类，按照岗位的性质和需求招募合适的志愿者。

为了保证招募的公开、公平、公正，也为了保障每个申请人都能得到平等的竞争机会，志愿者的招募工作必须按照严格的程序进行，不能随意改动，也不能跨级申请，更不能忽略任何一个阶段。比较重要的环节是发布全面的招募信息、严格的招募原则，选择合适的招募方式，确定合适的选拔方法。同时，针对不同的群体采用灵活多变的方法，以便招募到合适的志愿者。

案　例

北京奥运会、上海世博会志愿者招募

北京奥运会共招募170万赛会、城市、社会、文明观众啦啦队志愿者，全面开展奥运会、残奥会赛时服务。在赛会服务方面，77 169名奥运会赛会志愿者服务于竞赛场馆、非竞赛场馆、独立训练场馆和服务场所的80多个业务口2 945个工作岗位。44 261名残奥会志愿者分布在80多个业务口。在上海世博会上，79 965名园区志愿者分为13批次，提供了129万班次1 000万小时约4.6亿人次的服务。

上海世博会志愿者被称为“一个称号、三支队伍”，第一支队伍是园区志愿者，在5.28平方公里的范围内提供服务；第二支队伍是城市服务站点志愿者，为在全市设立的1 000个左右的城市服务站点提供服务；第三支队伍是城市文明志愿者，主要开展8个方面的服务，形成平安志愿者、交通文明志愿者、世博宣传志愿者等分支队伍。北京奥运会、上海世博会这种分类招募的方式被以后的大型活动广泛采纳。

资料来源：张晓红，等. 大型活动志愿服务的组织与管理［M］. 北京：中国青年出版社，2014.

【点评】

根据大型活动的不同特点和招募需求，可以选择不同的招募方式。

（二）流程与过程描述

从空间结构上来说，志愿者招募的过程应该包括制定、发布招募政策，建立工作运行机制，推进志愿者报名工作，做好志愿者录用工作等环节。从时间序列上来分析，按照招募工作的阶段性，可以将招募志愿者分为招募前（制定、发布招募政策）、招募中（建立工作运行机制、推进志愿者报名工作）与招募后（做好志愿者录用工作与效果评估）三个阶段。志愿者招募工作的流程如图3-2所示①。

① 张晓红，等. 大型活动志愿服务的组织与管理［M］. 北京：中国青年出版社，2014.

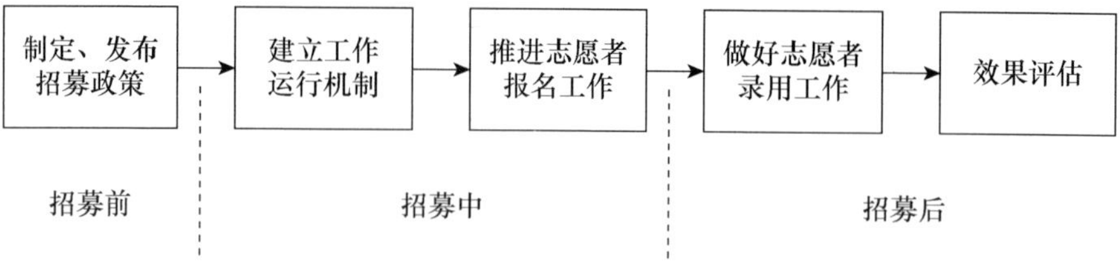

图 3－2　志愿者招募工作流程

志愿者招募的具体过程如下：

第一，建立完善的招募工作机制和运行机制，并确认招募需求。工作机制是工作程序、规则的总和。工作机制是一个相辅相成的整体，贯穿于工作的各个环节。而运行机制是具体的操作过程与状态，包括实际操作的一些措施，比如招募渠道的选择等，这些工作要在大型活动志愿者招募工作开展前，充分完成。此外，招募需求分析也是招募工作开展前必做的准备工作。招募需求分析应该考虑在特定的大型活动中，可能出现的不断变化的岗位需求、到底需要什么类型的志愿者、需要多少名、后续力量如何保证等问题。依托前期调研的基础，对分析的信息进行汇总，明确大型活动志愿者的数量和质量的具体需求。

从服务对象层面来看，志愿服务会涉及对志愿者自身、活动的主办方、活动的主体、观众等群体的服务；从服务领域来看，志愿服务会涉及开闭幕式、联络、交通、餐饮、新闻、旅游接待、信息技术、翻译、医疗保障、安全、观众、代表团、活动主场地等领域的服务。随着社会经济和科技的不断发展，大型活动对志愿者专业技术和综合能力的要求也变高了，更加需要接受过专业培训的高级志愿者。如，中国网球公开赛对球童的特殊需求，达沃斯经济论坛对语言类志愿者的需求，世界音乐教育大会对音乐专业论文整理志愿者的需求，等等，只有专业志愿者或接受过专业培训的人员才能胜任此类工作。

第二，广泛宣传动员并发布招募信息。首先，制定大型活动志愿者招募的政策文件，通过各种渠道进行发布，让更多的人了解志愿者招募的通用政策，通过宣传让申请者对志愿者的服务领域、基本条件、权利和义务、招募方式、招募流程等有一个全面的了解。其次，在招募志愿者的过程中，通过宣传激发人们参与志愿服务的热情，鼓励更多的人成为志愿者，尽可能拓宽信息公布渠道，扩大信息资源的覆盖率。可以通过公告、电视、报纸、公告栏等传统的传播媒介来宣传，也可以利用网络传媒等新载体，特别是建立专门的官方网站，为志愿者招募信息的发布和申请人的申请注册提供便捷的平台。最后，要给予志愿者申请人充分的尊重，与他们进行全方位、多渠道的互动交流，利用人性化关怀让他们感受到大家庭的温暖，激发其服务热情，为大型活动凝聚宝贵而又丰富的人力资源。2008 年北京奥运会全程与申请人进行有效、多渠道的互动交流，充分体现了组织方对广大志愿者申请人的尊重与关怀。

第三，推进完善志愿者注册报名体系，并进行志愿者筛选。在大型活动志愿者招募过程中，注重发挥组织体制优势，构建以某个部门为基础，其他相关部门共同参与协作的招募工作组织体系和工作运行机制。例如，北京 2008 年奥运会招募赛会志愿者工作就是在北京奥组委、共青团中央、北京奥运会志愿者工作协调小组共同领导下开展的。由共青团中央牵头成立招募工作组负责日常工作，由各省级团委在全国范围内开展“志愿中国·人文奥运”主题活动，按照奥组委统一的流程选拔、推荐志愿者人选。

大型活动志愿者招募工作组织体系完成构建后，按照组织体系内容开展招募工作，通常在大型活动组委会发布完整的招募信息后，就要分项、逐步推进志愿者的报名工作。志愿者申请人可以通过互联网或以常规邮件的方式将申请表提供给组委会志愿者管理部门，也可以通过组委会委托的有关机构或部门递交登记报名信息。组委会负责审核志愿者申请人的信息，从中筛选出符合基本条件的申请人，根据报名人的基本信息、参加志愿服务的经历等方面进行考察，采用知识测试、心理测试、水平测试等进一步选拔，最后利用面试、笔试、情景模拟测试等方式考核申请人的实战能力和应变能力等综合素质，从而选拔出符合需求的合格并且优秀的志愿者。志愿者的招募一般分为通用和专业两大类招募。在专业志愿者的选拔方面，需要在测试和面试阶段制订相应专业的测试方案，以便为大型活动储备合格的人才。

第四，统筹做好志愿者的录用工作。进行筛选后，接下来需要进行的是志愿者的录用工作。将申请人的意愿与相应需求的岗位进行匹配，积极开展人选配岗工作，把志愿者人选落实到各个岗位，并进行合理的排班和调配。完成志愿者岗位匹配工作后，交由安保部门统一对配岗人员的信息展开审查工作，并将通过审查的志愿者名单反馈到组委会，之后才可以开展志愿者录用通知工作。将录用结果告知报名的志愿者，是志愿者招募录用工作的最终环节，此环节包括录用通知书的制作、录用通知书的发放和志愿服务承诺书的签订和回收三个阶段。

第五，志愿者招募工作效果评估。招募工作的绩效水平高低是看其是否以较低的成本在规定的时间找到足够数量的合适人员。总体来看，主要从成本、招募计划的完成情况和录用人员和岗位的匹配情况三个角度来评估。成本一般包括招募成员人工成本、招募渠道费用、招募宣传费用等。在核算招募成本的时候，应重点突出必要开支并进行标记，为下次开展类似活动提供参考，避免出现成本过高的情况。招募计划的完成情况是指志愿者招募数量是否足够，应聘率是多少，面试利用率是多少，这些信息能够有效地帮助志愿者组织方找到招募中存在的问题，并进行有针对性的完善。录用人员和岗位的匹配情况可以从以下几个角度考虑：首先看人员的稳定性。是否存在志愿者上岗后在较短时间内离职的情况、岗位变动频率是多少。其次看使用者评价。在志愿者被录用后，各岗位负责人对志愿者的评价是招募效果评估重要的一环。最后看志愿者自我评价。志愿者自身在服务中会有所总结和感悟，如果能收集到他们的意见、看法和心声，对之后开展的其他志愿者招募工作会有很大的帮助。

招募过程概括起来就是充分发挥体制优势，建立完善的招募工作机制和运行机制；制定、发布大型活动志愿者招募政策及信息，通过大力宣传，激发申请人报名的积极性和主动性；严格按照制定流程逐步推进志愿者报名工作；统筹做好志愿者的录用工作并进行志愿者招募工作效果评估。

（三）实操与案例分析

案　例

北京园博会志愿服务平台机制

一是提出“人·天”的志愿服务量统计单位，即以一个志愿者服务8个小时为一个单位志愿服务量，其更好地刻画了同类型赛会志愿服务的总量水平。此外，通过“单位面积和人流下的志愿服务量”（或称“志愿服务强度”）可以比较并匡算志愿服务总量。统计表明，上海世博会、西安世园会、重庆园博会、北京园博会的平均服务强度分别为0.118、0.261、0.056和0.491（人·天）/（公顷·万人）。

二是提出了志愿者“极高峰日/高峰日/普通日”的概念，根据北京市游客的季节性、周期性分布，按照1.5∶1∶0.5的综合权重系数进行人力匹配。185天的展会期由79个普通日、87个高峰日和19个极高峰日构成，分别需要志愿者304人、608人、912人。

三是提出“志愿服务半径”概念，有序设置A、B、C、D四类志愿服务载体，使其在空间上有效覆盖全园，平均志愿服务半径为150米，即以游客为中心可在平均150米范围内找到所需的志愿服务载体。

根据上述科学概念和三轮对各部门需求的征集，2013 年 1 月志愿者工作团队估算北京园博会共需游客服务、闸机服务、语言翻译、助残服务、礼宾接待、媒体服务、演出服务等 19 大类约 13 万人·天的服务量。志愿者工作团队绘制了反映服务量“空间-载体-类别”分布的志愿服务地图，并通过需求管理中的“调整模块”，在运营中根据实际需要调整某一时间、某一服务载体的某一类岗位需求。

资料来源：王松涛．论大型赛会志愿服务平台机制：以第九届中国（北京）国际园林博览会为例［J］．中国青年研究，2014（2）．

【点评】

结合园博会具有时间跨度长、地域面积大等特点，北京园博会志愿者工作团队创造性地提出了相关管理概念，为大型赛会的志愿服务需求管理提供了重要参考。

三、发布招募信息，建立多元化报名注册途径

（一）概念与工作重点

招募的第一个关键环节就是发布招募信息。招募信息发布的目的在于通过宣传激发人们参与志愿服务的热情，从而激励更多的人参与志愿服务。信息发布的主要渠道有报纸、电视等传统媒介，网络、微博等新媒体平台，除此以外还可以通过一些非政府组织或者专业协会、公司等发布信息。宣传形式包括介绍、演讲、公告、报上撰文、新闻发布、举办各种活动等。宣传内容包括：介绍大型活动的相关概况，宣布大型活动对志愿者的岗位需求和志愿者上岗条件，公布选拔志愿者的标准，提供申请志愿者的具体程序以及办法、途径，明确志愿者的权利和相关待遇以及激励和保障措施。

（二）流程与过程描述

招募信息发布后，志愿者知晓了大型活动对志愿者的需求，但是组委会还需要给志愿者提供多样化的报名注册途径，使志愿者能够在知晓信息后充分地参与其中。志愿者申请人注册是指把自己的名字登记入册，或者在有关机关、团体和学校进行登记备案，以取得志愿者的资格，达到报名的目的。志愿者申请人可以通过官方网站注册登记或者向组委会志愿者管理部门授权的有关机构或者部门提交注册登记表，也可以通过信函或者提

交纸质报名表的方式进行报名。只要在有关志愿者管理部门授权的机构进行了注册登记，就被视为报名成功。

（三）实操与案例分析

案 例

第十三届全运会志愿者网上报名流程（节选）

1. 登录“天津青年志愿服务网”。
2. 点击“注册成为青年志愿者”。

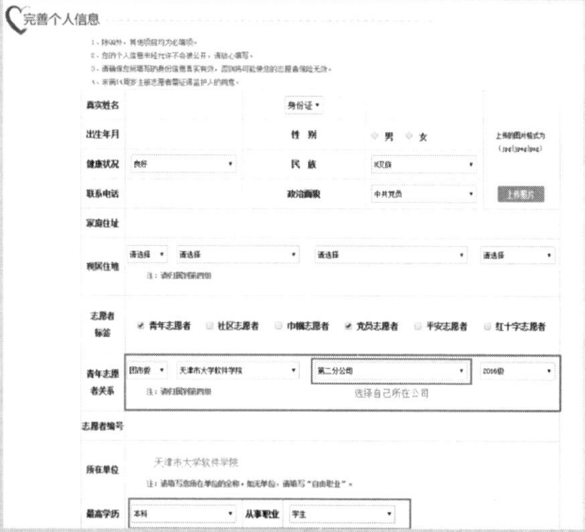

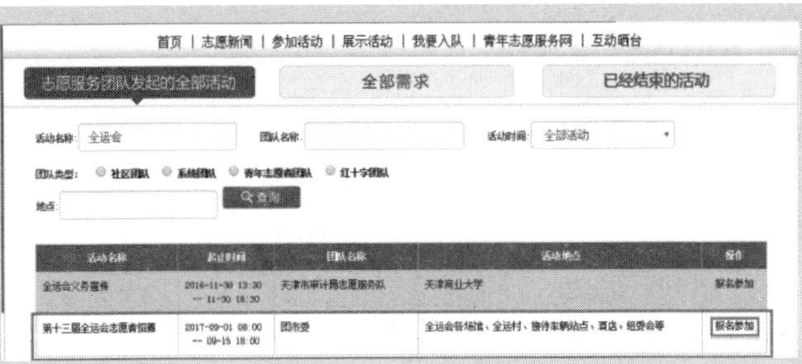

3. 根据实际情况填写表单，点击“参加活动”。

4. 点击“下载报名表”。

5. 签署承诺书。

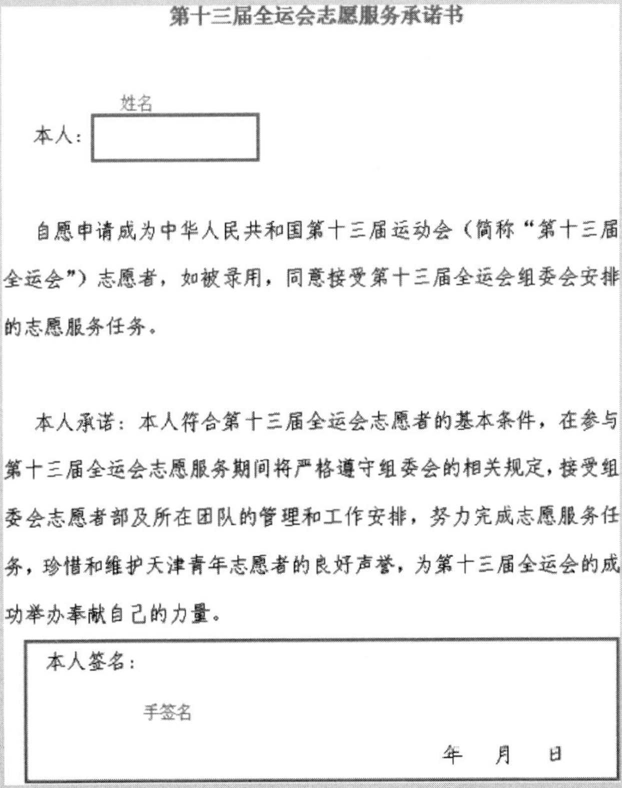

第十三届全运会志愿服务承诺书

姓名

本人：

自愿申请成为中华人民共和国第十三届运动会（简称“第十三届全运会”）志愿者，如被录用，同意接受第十三届全运会组委会安排的志愿服务任务。

本人承诺：本人符合第十三届全运会志愿者的基本条件，在参与第十三届全运会志愿服务期间将严格遵守组委会的相关规定，接受组委会志愿者部及所在团队的管理和工作安排，努力完成志愿服务任务，珍惜和维护天津青年志愿者的良好声誉，为第十三届全运会的成功举办奉献自己的力量。

本人签名：

手签名

年　月　日

四、志愿者的选拔与录用

（一）概念与工作重点

志愿者申请人通过注册登记后，就要接受严格的选拔测试。在整个选拔测试阶段，工作人员需要严格把关，确保志愿者质量，选拔出合格而且优秀的志愿者，组建一支专业的志愿者队伍。

（二）流程与过程描述

志愿者选拔程序至少应包括：选拔标准的确定、选拔的流程（预审与复审）以及考核测试（如知识测试、面试、心理素质测试、情景模拟测试等）。知识测试包括两类单项测试，即综合知识测试和专业能力测试，主要考核的是志愿者申请人的文化水平以及志愿者服务领域专业知识和特殊技能知识。面试则是从仪表气质、责任感和进取心、思维与口头表达能力、沟通与交流能力等方面考核志愿者申请人的综合素质。心理素质测试是为了分析志愿者申请人的心理活动特性，了解其性格特点和差异。情景模拟测试是将志愿者申请人安排在模拟的、逼真的工作环境中，要求志愿者申请人扮演某一角色并进入角色情景，处理各种事务及各种问题和矛盾，以此考察志愿者申请人的工作能力和应变能力，以确认其是否能适应或胜任相关工作。模拟形式主要有公文处理、工作活动的模拟、角色扮演、现场作业、模拟会议等。

（三）实操与案例分析

案　例

第九届全国大学生运动会面试题目（节选）

第一部分

请编排一个10分钟的情景展示短剧，每个人都要参与进来，扮演其中一个角色。短剧要包含如下元素：

第一组：美容　天气　美食　误会　大运会

第二组：爱情　宠物　网络　课本　志愿者

第三组：手机　法庭　运动　冲突　大学生

第四组：球迷　电影　短信　故乡　志愿者

第五组：股票　环保　谈判　动车　大运会

第六组：战争　音乐　邮件　医院　大学生

第二部分

1. 你如何理解“志愿者”？

2. 谈谈你对青年参与志愿服务活动的看法。

3. 在此之前你是否拥有志愿服务经历？如有，请讲述一个给你留下深刻印象的片段。如果没有，谈谈你对志愿服务活动的认识。

4. 你觉得自己参与志愿服务活动最大的优势是什么？

5. 说说你身边的志愿者。

6. 在报名参与第九届全国大学生运动会志愿服务活动前你做了什么准备？

7. 关于第九届全国大学生运动会你了解哪些？

8. 关于大运会志愿服务工作你了解哪些？

9. 你认为志愿者最应具备的品质是什么？为什么？

10. 如果你通过考核成为一名大运会志愿者，在未来的几个月里你会做些什么？

11. 在此之前你是否拥有大型赛会志愿服务经历？如有，请讲述一个给你留下深刻印象的片段。如果没有，谈谈你对大型赛会志愿服务活动的认识。

12. 说说此时此刻你的心情。

13. 你认为“技能”与“信念”中，哪一个是参与志愿服务的基础。

14. 如何理解“赠人玫瑰，手留余香”？

15. 说说你所在的院系是如何开展志愿服务活动的。

资料来源：大运会组委会相关资料。

【点评】

大运会志愿者面试的第一部分主要考查志愿者在角色扮演中如何处理各种问题；第二部分主要考查志愿者在服务领域的专业知识和相关经历，考查志愿者的综合素质、沟通和表达的能力。

志愿者申请人经过层层选拔确定合格后，还需要充分了解志愿者的权利与义务，之后，志愿者需要郑重签署服务承诺书，组委会确认录用后，志愿者招募工作暂时告一段落。

案　例

世界经济论坛2016年新领军者年会志愿服务承诺书

本人自愿申请成为世界经济论坛2016年新领军者年会（简称“夏季达沃斯论坛”）志愿者，同意接受2016天津夏季达沃斯论坛组委会安排的志愿服务任务。

我承诺：本人符合身体、心理等2016天津夏季达沃斯论坛志愿者的基本条件，了解夏季达沃斯论坛志愿者的通用政策，在参与夏季达沃斯论坛志愿服务期间将严格遵守组委会的相关规定，接受组委会志愿者部及所在团队的管理和工作安排，努力完成志愿服务任务，珍惜和维护天津青年志愿者的良好声誉，为2016天津夏季达沃斯论坛的成功举办奉献自己的力量。

本人签名：

2016年　月　日

资料来源：夏季达沃斯论坛组委会相关资料。

【点评】

志愿者承诺书的签署，有利于志愿者树立正确的契约意识，在志愿服务期间服从管理和安排，圆满完成志愿者工作任务。

第三节　大型活动志愿者招募的经验启示

一、设立完备的应急方案

世界是运动的、发展的，一切事物都处于永不停息的运动和发展中。同样，在大型活动的运行过程中，不可避免地会出现志愿者需求与岗位设置的偏差，为了应对这样的情况，解决需求与实际的偏差问题，我们可以用“热备”和“冷备”的方式来应对。志愿者需求与岗位设置的偏差通常由以下两种情况产生：第一，志愿者由于特殊原因，如身体不适、家庭情况等因素无法继续参加志愿服务，造成志愿者的流失，从而导致一些岗位缺失志愿者；第二，突然发生一些重大或者敏感事件，需要应急志愿者协助处理突发情况。

前期调研阶段无法预见服务过程中流失的志愿者和志愿服务过程中突发需要的应急志愿者的岗位设置或者需求情况，如果没有相应的应急预案和措施，很有可能会导致整个大型活动无法有序进行，因此，针对上述两种情况，我们需要及时增补合适的志愿者来开展志愿服务工作，也就是通过“热备”和“冷备”的方法解决此类问题。

“热备”是用来解决前期调研阶段没有关注到的或者由于突发事件导致的一些岗位志愿者缺失的问题，方法就是在招募的过程中，特别招募一部分具有应急知识、特殊技能和医疗卫生、安全保卫等专业知识的志愿者以作备用，以解大型活动运行过程中志愿者不足的燃眉之急。“冷备”是用来解决大型活动运行过程中因为一些特殊原因不能继续参加志愿服务的志愿者缺失的问题，方法就是在招募具体岗位的志愿者时，在岗位需求的志愿者数量的基础上多招一定比例的备用志愿者，以便更好地调换或者增补志愿者①。

案　例

世界武术搏击运动会、北京奥运会志愿者“热备”“冷备”方案

2010年北京首届世界武术搏击运动会中，就采用“热备”的方法解决了新岗位对志愿者的新需求。在志愿者招募工作中，组委会根据安保部、机场迎送中心、调度中心等单位提出的对志愿者的新需求，紧急组织北京交通大学、北京科技大学、北京城市学院、中国农业大学等高校共招募62名志愿者参与服务工作。接着，又紧急协调北京第二外国语学院组织了28名多语种志愿者参与VIP陪同服务，并安排各部门自行招募志愿者51名。最后招募志愿者858人，充分有力地保证了志愿者团队在赛时出色完成各项任务。

北京奥运会则阐释了“冷备”方案的重要性，奥组委在志愿者招募阶段，为了充分保证志愿者的数量，以120%的比例来招募相关岗位的志愿者，避免了奥运会进行过程中因为志愿者脱岗和流失而导致的运行不顺利的问题，有力地保障了志愿者工作的有序开展。

资料来源：张晓红，等．大型活动志愿服务的组织与管理［M］．北京：中国青年出版社，2014.

① 张晓红，等．大型活动志愿服务的组织与管理［M］．北京：中国青年出版社，2014.

【点评】

“热备”和“冷备”的方法可以保证志愿者的数量与岗位需求相一致，进而解决在大型活动运行过程中志愿者供需不平衡的问题，保证了每个岗位都有合适数量和相应素质的志愿者，进而保证了活动的顺利开展。

二、运用场馆对接机制

在大型活动中，尤其是在大型体育赛事活动中，对于非专业志愿者的招募可以实行场馆对接机制，即为各场馆明确志愿者来源单位，在场馆和志愿者来源单位之间建立工作对接关系，共同推进场馆志愿者队伍的组建、管理、保障等工作，将志愿者运行工作整合并落实到场馆的工作模式之中，这也是北京奥运会的重要工作经验。志愿者场馆对接机制有助于完善志愿者工作体制，也能更好地统筹人力资源，为场馆运行提供高质量的志愿者人力保障，从而形成工作合力，通过各方力量共同支持、保障场馆志愿者工作的顺利开展。

三、打造志愿服务供需平台

志愿者招募工作人员可以利用信息管理技术建立“供需对接”的平台，开发志愿者信息管理系统，利用这个平台完成志愿者的登记注册、报名、选拔、培训等招募工作。如，2013 年北京园博会志愿者招募工作就开发了园博会志愿者信息管理系统，用于志愿者招募工作。从 2012 年 8 月到 12 月，北京园博会组委会将报名注册和在线视频培训有机结合，在为期三个月的报名周期内，报名参加活动的志愿者需要在园博志愿者 V 网完成通用视频培训课程，同时回答题库中随机抽取的问题。这样的方式既可以把在线学习成绩作为选拔依据，也进一步地传播了志愿理念。这种报名前需要在网上进行答题的方式，要求申请者掌握一定的志愿服务知识，只有这样才能被选到志愿者库里。完成培训的志愿者在上岗之前对志愿服务有一个大致的了解，选拔工作完成后就可以专注于专业培训和岗位培训，有的申请者即使没能成为志愿者，通过这样的平台也学习到了相应的志愿服务知识，园博会传播志愿服务理念的目的也达到了。这种模式开发了北京奥运会和上海世博会时先报名选拔、再系统培训的工作流程①。

国际奥委会前主席罗格曾说："志愿者是奥林匹克运动的基石，是奥运会真正的形象大使。他们代表着奥林匹克精神。"志愿者是奥运会的形象大使，高素质的志愿者们在奥运会中发挥了巨大的作用，为奥运会的成功举办贡献了力量。同样，志愿服务在其他大型活动中也占据核心位置，不可替代。志愿者招募工作是志愿者管理和使用工作、志愿者保障和激励工作的源头，建立健全志愿者注册招募机制直接关系到志愿者的整体素质与服务质量，对大型活动的顺利开展起着重要的作用。充分做好志愿者的招募工作，关注招募过程，建立招募的基本模式，从做好前期调研工作和岗位的需求统计到明确招募需求，从招募方案制订到招募信息发布，从注册报名途径扩展到志愿者录用，争取每个环节每个过程都能人性化、科学化、专业化。当然，我们也需要关注一些特殊的问题，例如设立完备的应急方案、确立相关的责任单位、运用场馆对接机制、建立并保留报名注册平台等。总而言之，在志愿者招募工作中，需要建立一个基本模式应对普遍问题，预设一个完备方案解决一些特殊问题，从模式和方案两个方面更全面地保证志愿者招募工作有序、高效、顺利运行。

思考与讨论

1. 大型活动志愿者招募的方式有哪几种？它们的特点分别是什么？
2. 如何制订大型活动志愿者的招募方案？
3. 选拔志愿者时主要考查其哪些方面的素质？
4. 大型活动志愿者招募的主要经验是什么？

---

① 王松涛. 论大型赛会志愿服务平台机制：以第九届中国（北京）国际园林博览会为例[J]. 中国青年研究，2014（2）.

第四章
大型活动志愿服务的培训

引 例

志愿者通用培训心得体会

“经历前面几次的志愿者通用培训，我们终于在 10 月 16 日来到了工作场馆——广州奥林匹克中心田径馆。

第一次来到田径馆，一靠近就看到了竖立在志愿者通用培训总部北门前的巨大的火炬。

在火炬前听完简短的介绍之后，我们开始熟悉场馆。环田径馆一周的路途中，我们经过了包括奥体中心酒店、贵宾区、媒体中心在内的前院，以及包括田径场志愿者大本营所在地、运动员检录处、热身场所在内的后院。参观完田径馆以后，我们开始了寻标活动，需要把八处地方一一寻找出来，并拿到印章。寻标完成，经过短暂的午饭时间和休息之后，我们就开始了今天的重头戏——分配岗位和站点。我们组被分配在五号和六号出入口，在这两个出入口工作可不容易啊。五号口作为南安检大棚的主入口之一，必定会有不少人直接冲过来；而六号口拥有一条无障碍通道，我们不仅要保持正常通道通行秩序，还要关注残障人士的方便通行，所以困难可想而知。为了应对可能出现的情况，我们和换班的七组的同学们讨论了一些可能出现的突然场景，预先演练一番，以备不时之需。

经过这一天的培训，我发觉作为志愿者，面临的突发情况有很多，必须随机应变。所以我们更应该做好各种准备，了解各种知识。虽然这不是万全之策，但是多多准备，还是会派上用场的吧。希望在岗的这些天里，我们能够圆满地完成自己的任务，增加一份经历，也训练自己对待特殊事件的反应力和团队合作能力。”

资料来源：张晓红，等. 大型活动志愿服务的组织与管理［M］. 北京：中国青年出版社，2014.

对大型活动志愿者进行培训已成为大型活动志愿服务的通行做法。大型活动志愿者培训，能够有效地提高志愿者的综合素质和业务能力，为大型活动的顺利举办提供有利的人力资源支持和保障。本章将对志愿者培训的环节和重点工作进行阐述。

第一节　大型活动志愿服务培训的概述

一、培训的释义

（一）一般意义上的培训

美国经济学家霍华德·舒尔茨发现，单纯从自然资源、实物资本和劳动力的角度，不能解释生产力提高的全部原因，作为资本和财富的转换形态的人的知识和能力是社会进步的决定性原因。但是它的取得不是无代价的，它需要通过投资才能形成，组织培训就是这种投资中重要的一种形式。培训的基本释义为：培养和训练，使体力和智力得到发展。它是组织人力资源管理的重要环节，是一种有组织的知识传递、技能传递、标准传递、信息传递、信念传递、管理训诫行为①。

有专家认为，组织开展培训工作满足了组织发展的客观要求，同时也为组织的员工提供了学习机会，使之在培训中不断提高自身的工作水平，从而也提高了组织的竞争力。培训主要包括三个方面的内涵：一是培训是为了提高组织的工作效率，增强凝聚力；二是培训需要按照一定的方法和体系来实施，主要对象是组织内部的成员；三是培训内容包括知识技能、行为标准、行动理念等。

（二）大型活动中志愿者的培训

国内有学者将志愿者培训定义为：它是由培训工作协调小组及相关机构或个人，根据志愿者的工作需要，通过教育、培养和训练，提高志愿者

---

① 张晓红，等. 大型活动志愿服务的组织与管理［M］. 北京：中国青年出版社，2014.

的知识技能并改善其价值观、工作态度与行为方式，使他们能在工作岗位上胜任或称职，从而实现培训预期目的和志愿者个人发展目标有计划的、有组织的、连续的工作过程或管理手段①。

由此，我们不难概括出大型活动中志愿者培训工作的特点：

（1）大型活动的主办方、组委会或者组委会下属的志愿者部是志愿者培训工作的主体，它们委托相关的培训机构制订培训方案、建设师资队伍、编写培训教材等，并负责全部培训工作的实施。

（2）在志愿者培训中，志愿者培训的组织者是教学的主体，负责培训的设计和实施。志愿者是培训的客体，也是学习的主体，志愿者应在培训活动中表现出主观能动性，即自主学习，从而提高其志愿服务的能力和水平。

（3）志愿者培训的内容，包含操作层面和精神层面两方面内容。在操作层面，应该注重志愿者的能力培养、语言水平和相关的专业知识培训，志愿者还应了解主办城市的文化、特色等，全面提高自身综合素质。组织者也可以举办志愿服务大使选拔等活动，充分调动志愿者的积极性，展示志愿者风采。在精神层面，要重视志愿者使命意识、奉献意识、协作意识和服务意识的培养，建立一支热情、周到、专业知识扎实、高素质的志愿者队伍。

（4）志愿服务的培训目标是培养志愿者的个人素质，使志愿者树立正确的人生观、价值观，提高志愿者的服务能力，促进志愿者的成长，从而促进志愿服务事业在我国的发展。大型活动的志愿者培训工作，既可以保障大型活动的顺利举办，体现志愿精神，也可以通过培训为社会提供可持续的人力和社会资本以及培育志愿文化。

二、培训的功能

以“奉献、友爱、互助、进步”为主要特征的志愿精神和以“以志愿求公益”为核心理念的志愿者行动，对于构建和谐社会、提升民众的素质、改善服务行业服务质量和优化举办地人文环境都具有重要的意义。培训对志愿者产生的影响是多方面。

（一）宣传志愿精神，培育志愿文化

文化的整合功能、导向功能、维持秩序功能、思想传续功能等等使其

① 张晓红，等. 大型活动志愿服务的组织与管理［M］. 北京：中国青年出版社，2014.

在特定的范围内和层面上能够发挥巨大的作用，志愿文化也是如此。志愿文化的存在，使志愿活动有了持续发展的动力和活力。志愿活动应在志愿文化的滋润和引导下进行，志愿文化的宣扬与培育也应成为志愿活动长期开展的重要保障。“奉献、友爱、互助、进步”的志愿精神，指导我们无私奉献、积极进取、共同成长。志愿者培训工作有利于志愿精神深入人心，是志愿文化的重要载体。通过培训加强志愿者对于志愿服务、志愿服务精神等的理解，增强志愿者的志愿情怀，从而带动整个社会宣传志愿服务精神，让志愿精神生根发芽。

（二）提高志愿者的综合素质和服务能力

《中国青年志愿者注册管理办法（试行）》对志愿者做了这样的定义：志愿者是指不为物质报酬，基于良知、信念和责任，自愿为社会和他人提供服务和帮助的人。在志愿服务的实际操作中，志愿者仅仅拥有热情是远远不够的，还需要掌握一定的志愿服务技能、服务规范、服务技巧和应对突发事件的能力，这样，才能较好地完成志愿服务的工作任务，保障大型活动顺利开展。因此，大型活动志愿服务必须开展培训工作，没有经过严格培训的人员不能上岗。只有通过培训，志愿者才能掌握一些必要的工作技能，才能提供周到细致的服务。因此，将志愿者的社会责任感和服务热情转化为优良的志愿服务，是志愿者培训的重要功能。提高志愿者综合素质、保障服务质量是培训的核心功能。

（三）完善个人发展，帮助志愿者成长、成才

社会性是人的本质属性，也就是说，一个人只有在群体中才能形成和塑造正确的世界观、人生观和价值观。志愿者在接受大型活动志愿服务培训过程中，一方面，可以培养良好的团队合作精神和个人吃苦耐劳的意志品质，在一定程度上帮助自身提高相关的技能和知识，提高自身素质、沟通能力和应对突发事件的能力；另一方面，可以锻炼社会交往能力，扩大交往圈，对自身的职业生涯规划也有一定的帮助。志愿者接受培训，是融入社会的有效手段和方法。通过培训，志愿者可以更好地适应社会，更好地发展与提升自己。马斯洛的需求层次理论启示我们，把个人时间、精力和技能贡献于社会是志愿者的愿望，也是他们参与志愿服务活动的动力。志愿者能够通过志愿服务满足他们个人的社交需求、尊重需求，甚至是自我实现需求。

（四）为志愿服务事业留下宝贵遗产，包括教材体系和教师体系

国外的志愿服务发展至今，已经形成了较为完善的体系，我国的志愿服务起步较晚，还处于初级阶段。一方面，志愿服务培训工作的开展有利于志愿服务培训体系的建立，有利于志愿服务师资队伍的建设，使国内志愿服务体系建设更加完善，使志愿者培训流程和模式日臻完善；另一方面，志愿者通过培训，提高了个人素质、强化了服务意识、提升了个人境界，有利于志愿服务事业的发展，为志愿服务事业的发展积累了宝贵经验。

第二节　大型活动志愿服务培训的对象与内容

一、培训的对象

根据不同的活动类型、规模以及不同的服务岗位，可将需要接受志愿者项目培训的志愿者分为三种类型：通用型志愿者、专业型志愿者、骨干型志愿者（见图 4－1）。

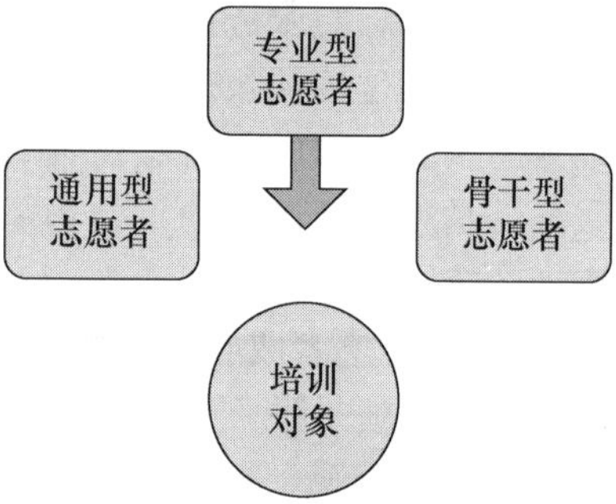

图 4－1　培训对象类型

按照志愿者的分类，相应有了志愿者培训的分类，即按照培训对象的不同，大型活动志愿者培训可分为志愿者通用培训、专业志愿者培训和骨干志愿者培训以及其他对象培训等。

（一）志愿者通用培训

志愿者通用培训是通过简单的知识和技能传授即可胜任志愿服务岗位的志愿者培训。通用型志愿者是指不需要特定的服务技巧就可以胜任志愿服务岗位的志愿者，在志愿者群体里为数较多，志愿者通用培训是基础的、必需的。志愿者通用培训一般包括志愿服务基础知识培训、大型活动的概况介绍、应急知识培训、礼仪培训、外事培训等。表 4－1 向我们展示了 2016 天津夏季达沃斯论坛组委会志愿者部的志愿者通用培训的相关内容。

表 4-1　　天津夏季达沃斯论坛志愿者培训方案（节选）

序号	培训内容	培训时间	主讲人
1	天津夏季达沃斯论坛志愿者培训工作开班仪式	3月5日（周六）09:00—09:40	
2	夏季达沃斯论坛相关工作	3月5日（周六）10:00—10:40	市政府大型活动办公室
3	安全工作要求	3月5日（周六）10:50—11:30	达沃斯筹备办
4	外事纪律及涉外服务规范	3月5日（周六）13:00—13:40	市外办
5	基础礼仪培训	3月5日（周六）13:50—14:30	天津交通职业学院
6	医疗救护常识	3月5日（周六）14:40—15:20	市卫计委
7	党课（团课）	3月5日（周六）15:30—16:10	市委组织部
8	志愿服务与自我心理调适	3月6日（周日）09:00—09:40	天津工业大学心理健康教育中心
9	保密工作知识	3月6日（周日）09:50—10:30	市委保密办（局）
10	突发事件应急处理	3月6日（周日）10:40—11:20	市应急办
11	对外宣传工作原则及相关知识	3月6日（周日）13:00—13:40	市外宣办
12	天津概况及旅游资源介绍	3月6日（周日）13:50—14:30	市旅游局培训中心
13	绿色办会	3月6日（周日）14:40—15:20	南开大学
14	法律知识及权利维护	3月6日（周日）15:30—16:10	天津四方君汇律师事务所

（二）专业志愿者培训

专业志愿者培训是指以提供专业知识为目的，为从事志愿服务、取得相关专业资格认证而进行的系统的、专业的学习及培训。专业型志愿者需要进行相关专业和技能的培训和测试，主要服务于一些有特别要求的岗位。比如，2008年北京奥运会的专业志愿者培训由各个专业项目组牵头组织实施，从2007年3月开始，持续到2008年9月结束，共计有36 000余名专业赛会志愿者接受以集中面授为主的专业培训。

案　例

奥运会专业志愿者培训相关报道

“奥运会颁奖仪式专业志愿者培训正式启动：7月12日，参加培训的志愿者集体宣誓。当日，337名来自北京和上海的北京奥运会颁奖仪式专业志愿者汇聚在北京昌平职业学校，参加由北京奥组委文化活动部主办的奥运会颁奖仪式专业志愿者全员培训开班仪式。这些志愿者是由北京奥组委文化活动部经过四轮选拔而最终确定的。经过15天封闭式集中培训后，这些志愿者将到各个场馆进行奥运会和残奥会颁奖礼仪服务。”上述报道体现出颁奖礼仪志愿者培训时间较长、技能掌握难度大、服务要求高的特点。

“2000专业志愿者封闭培训”的报道指的是对外事专业志愿者的培训：其培训方式是封闭式，目标是使外事专业志愿者不仅掌握一般志愿者知识，而且熟练掌握相关外事礼仪和工作技能、常识等。比如，入境签证类型及相关费用等。

报道中还提道：培训官由资深志愿者培训老师、时事评论专家、外事工作人员及奥运会、亚运会优秀志愿者代表等组成。培训不仅包括常规志愿者项目，还包括拓展训练和时事讲座。组织者还将邀请北京奥运会和广州亚运会的优秀志愿者代表与大家进行经验交流。

另外，报道中提道：外事专业志愿者中，最引人关注的是30名“核心志愿者”，他们将为国际大体联30位执委提供“一对一”志愿服务。据悉，深圳大学外国语学院大四学生潘敏儿将作为志愿者为国际大体联主席基里安提供一对一的贵宾外事志愿服务。这个关于“核心志愿者”的报道指出了专业志愿者的培训也将根据需求来进一步划分专业等级。

资料来源：张晓红，等. 大型活动志愿服务的组织与管理［M］. 北京：中国青年出版社，2014.

【点评】

奥运会专业志愿者的培训分类较为详细，培训项目设置得也比较全面，对志愿者的要求非常严格，是专业志愿者培训的典型案例。

（三）骨干志愿者培训

志愿者骨干是由志愿者服务的业务部门或者团队按照一定比例，根据工作任务和性质，综合考虑志愿者日常表现、业务能力和综合素质，推荐产生的。骨干型志愿者在开展自身岗位服务的同时，还要参与志愿者团队建设，参与志愿者管理工作。骨干志愿者培训的目的是挖掘和培养一批志愿者的优秀领导者和组织者，由他们协助志愿者团队的管理工作，保障志愿服务任务的圆满完成。骨干志愿者培训可以采用相对集中的方式开展，以"训练营"的方式开展，通过封闭实训、实践演练等方式，针对志愿者的特点和需求安排培训的内容，在持续时间、培训内容等方面体现骨干志愿者的特点。表 4－2 展示了第十三届全运会志愿者骨干培训计划。

表 4－2　　第十三届全运会志愿者骨干培训计划

序号	培训内容	培训时间	主讲人
1	第十三届全运会情况介绍	5 月 19 日 15:10—16:10	组委会领导同志或竞赛部负责同志
2	卫生及医疗救援相关工作	5 月 19 日 16:20—17:20	市红十字会
3	素质拓展	5 月 19 日 17:30—18:30	工业大学 4 名教师
4	突发事件应急处理	5 月 20 日 9:00—10:00	市应急办
5	全运会志愿者党课	5 月 20 日 10:10—11:10	市委组织部党员干部教育管理处
6	大型赛会志愿服务工作规范	5 月 20 日 11:20—12:20	中国青年志愿者协会专家
7	新闻宣传及媒体工作	5 月 20 日 14:00—15:00	组委会新闻宣传部
8	志愿服务礼仪规范	5 月 20 日 15:10—16:10	礼仪培训教师
9	志愿者沟通技巧及心理调适	5 月 20 日 16:20—17:20	心理研究专家教师

（四）其他对象培训

大型活动一般会聘用教师对志愿者进行管理，这些教师一般来自志愿者来源高校，由具有一定志愿服务经历的老师担任，一些大型活动为了提高志愿服务的管理和服务水平，会开展相应的志愿者领队教师培训，有的也称志愿者督导教师培训。领队教师了解志愿者的基本情况，主要负责志愿者在服务过程中的后勤保障和与来源单位的沟通，例如学生志愿者的请假、交通等事宜。具体案例详见表 4－3。

表 4-3　G20 杭州峰会志愿者教师领队培训课程安排表（节选）

日期		时间	课程	主要内容	授课时长	地点	授课形式
6月20日	上午	10:30—11:30	运行手册培训	志愿服务运行手册培训与交流	60分钟	酒店	集中
	下午	13:30—15:00	团队建设	分组开展团队向心力、凝聚力建设	90分钟	待定	集中
		15:00—15:10	间歇（10分钟）				
		15:10—16:10	G20相关知识	G20产生背景、历史演变、现状及重要意义	60分钟	酒店	集中
		16:10—17:10	医疗常识与急救常识	了解基本的医疗常识和急救知识	60分钟	酒店	集中
	晚上	18:30—19:30	工作交流会	以大队为单位开展志愿服务领队教师工作交流互动	60分钟	酒店	分组
6月21日	上午	8:30—10:30	礼仪与形象管理强化	强化志愿者教师领队指导志愿者进行礼仪与形象管理的能力	120分钟	酒店	集中
		10:30—11:30	志愿服务基础知识及志愿服务带队工作实务	志愿者岗位要求、培训安排、激励保障等知识，以及大型赛会志愿服务带队工作技巧	60分钟	酒店	集中
	下午	13:30—14:00	第一期结业暨第二期开班仪式（30分钟）				
		14:00—15:00	杭州市志愿者工作指导中心主任主题报告（60分钟）				
		15:00—16:00	北京联合大学专家主题报告（60分钟）				

案　例

2016年二十国集团中国峰会志愿者教师领队通用培训的通知（节选）

培训目标

（1）提高团队管理能力。通过团队建设与管理课程，使志愿者教师提高团队建设和管理的能力，坚持目标导向，围绕服务好国际峰会，形成正确的、积极的思维模式和荣辱与共、顽强拼搏的团队精神，打造有战斗力的志愿者团队。

（2）深入掌握服务知识。通过实务操作课程，使志愿者教师领队熟悉和掌握自己所处岗位的服务内容、标准要求、工作流程、注意事项等，提高教师领队面向志愿者开展志愿服务指导的能力，确保志愿者队伍能有序、高效地为峰会提供服务。

(3) 强化形象塑造能力。通过礼仪培训课程，提高教师领队指导志愿者塑造良好志愿服务形象的能力，在志愿者中积极弘扬社会主义核心价值观，牢固树立外事无小事的意识，使志愿者做到形象好、气质佳、口语强、素质高，引导志愿者用青春激情和实际行动传递最美的“中国名片”。

【点评】

开展领队教师培训，可以增加志愿服务培训的针对性，对一些突发情况做到早预防、早动手，可以优化大型活动志愿服务的管理工作，提高管理的效率和水平。

二、培训的内容

志愿者通用培训，主要是为了保证志愿者具有相关的志愿服务基础知识和服务技能，了解服务项目的基本情况，掌握即将服务的岗位的基本需求。另外，志愿者通用培训，需要区分新志愿者（第一次参与志愿服务的志愿者）和老志愿者（多次参与志愿服务的志愿者）的不同培训侧重点。对于新志愿者，需要进行全方位的培训。对于老志愿者，可以侧重对其进行志愿服务项目和岗位需求的技能的培训，因为志愿服务的基础知识他们已经有所掌握。对于有志愿服务经历的老志愿者，可以在经过简单的志愿服务基本知识检测后，对其进行项目和岗位培训。新、老志愿者具体培训内容如图 4-2 所示。

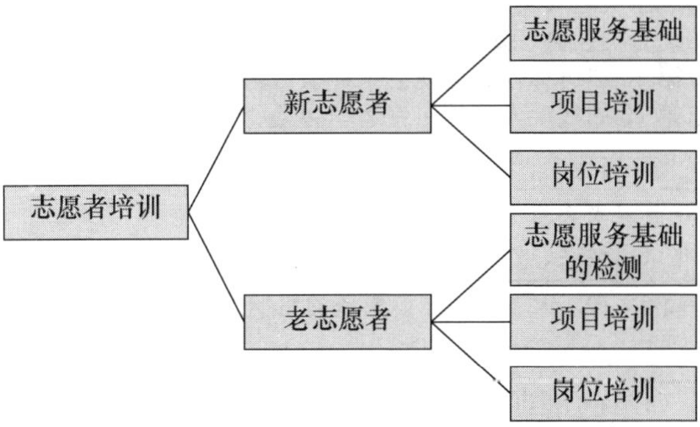

图 4-2 新、老志愿者培训内容差异

（一）通用培训

通用培训是对志愿者进行志愿服务基础知识和基本技能的培训，主要包括以下内容：一是志愿服务的基础知识，包括志愿者、志愿服务、志愿服务精神、志愿者组织和志愿服务项目等在内的基本概念，志愿服务的历史与发展，志愿服务的意义和价值，志愿者的权利和义务等；二是志愿服务的基本技能，如应急常识、心理疏导、抗压能力、素质拓展、团队精神、礼仪常识等，有时也包括外语培训。

通用培训还包括一些团队培训，志愿者团队是志愿服务工作的基本单位，团队建设也关系着志愿服务的质量和水平，因此在一些国内外大型活动的志愿者培训中，通常会包含志愿者团队培训，如对团队工作方法和技巧等的培训。

志愿者在上岗之前，通过组建团队的方式开展一系列活动，在团队建设中学会竞争与合作，体会到团队协作的力量，发现自身的优势和不足，深刻体会志愿服务精神的内涵。团队建设活动可以促进志愿服务活动的开展，促进团队的交流，为大型活动志愿服务建设一支强有力的队伍。

北京奥运会、残奥会的通用培训以《北京奥运会志愿者读本》《北京奥运会英语口语读本》《北京残奥会知识读本》等为基本教材，讲授方式以课堂讲授、观摩为主，鼓励培训对象进行课外自学，并由志愿者来源单位按组委会所提供的相关资源（见表4－4）组织开展培训活动。

表4－4　　北京奥运会、残奥会培训教材、培训师资和培训网站

培训教材	《北京奥运会志愿者读本》 《北京残奥会知识读本》 《北京奥运会竞赛项目通用知识读本》 《北京残奥会竞赛项目通用知识读本》 《北京奥运会英语口语读本》等外语类教材 《北京奥运会、残奥会志愿者通用培训精品课程》 《第29届奥林匹克运动会竞赛项目培训教学片》 《第13届残疾人奥林匹克运动会竞赛项目培训教学片》
培训师资	《北京奥运会、残奥会志愿者通用培训专家名录》中的专家
培训网站	北京奥组委官方网站志愿者频道 北京奥运会、残奥会志愿者远程培训测试系统

资料来源：张晓红，等．大型活动志愿服务的组织与管理［M］．北京：中国青年出版社，2014.

表4－4中列举的培训教材的第一、五、八本属于志愿服务基础的通用培训内容，培训内容比较全面、系统；其他为志愿服务项目培训内容。

（二）项目培训

项目培训，也称专业培训，为了区分专业志愿者的专业培训，我们称之为项目培训，培训的主要内容是其所服务的大型活动的相关专业知识。项目培训主要包括：一是大型活动举办地的基本情况，包括人文、历史、交通、名胜等；二是大型活动的基本信息，主要包括大型活动的简介、发展历程、主办方、规模和参加人员等。项目培训是为了让志愿者从整体上对其所服务的大型活动有个概念，增加其在服务过程中的责任感和使命感。

案　例

《天津大型活动志愿者通用培训读本》
第二章“和谐天津城　魅力展赛会”

第一节　津门故里
　　一、天津概况
　　二、美丽天津
第二节　大型活动志愿服务在天津
　　一、大型赛会——全运会
　　二、大型展会——夏季达沃斯论坛
第三节　天津优秀青年志愿服务项目

资料来源：全运会组委会相关资料。

【点评】

上述志愿者培训教材中含有项目培训的内容，主要涉及天津的基本情况、风土人情、志愿服务发展等。

案　例

《北京奥运会志愿者培训教材》中关于“北京历史与文化”的专门章节

一、“人文奥运”与北京历史文化知识的普及
二、北京的自然形胜
三、帝都沧桑
四、北京城的记忆——城墙与城门

五、北京中轴线

六、清初“旗民分居”政策对北京文化的影响

七、北京的皇家园林

八、胡同与四合院

资料来源：奥运会组委会相关资料。

【点评】

奥运会志愿者培训教材中含有项目培训的内容，主要涉及北京历史与文化。

（三）岗位培训

岗位培训主要培训志愿者所服务的岗位的职责、要求等。一般在通用培训和项目培训之后，志愿者通过岗位培训，进一步了解其服务工作的具体内容，如所在岗位的分工、任务、业务流程等。

在大型活动中，特别是在体育赛事中，根据需要，岗位培训又包括场馆培训。场馆培训面向志愿者，使其掌握与相应服务场馆有关的场馆比赛知识、场馆及周边的布局、内部设施及有关功能、场馆管理规章制度、观众服务要领等。表 4－5 是北京奥运会岗位培训课程安排表。

表 4－5　　北京奥运会岗位培训课程安排表

<table>
<tr><th>培训内容
课程名称</th><th>参考时间</th><th>应用标准</th><th>培训方式</th><th>师资来源</th><th>培训教材</th><th>培训地点</th></tr>
<tr><td>团队精神激励</td><td>30 分钟</td><td>工作热情
精神饱满
风貌良好</td><td>面授</td><td rowspan="5">场馆业务口及持证上岗的培训师</td><td rowspan="5">岗位培训教材、岗位工作手册等（每类教材人手一册）</td><td rowspan="5">场馆培训工作组根据场馆实际情况与志愿者来源单位协商安排</td></tr>
<tr><td>业务口工作任务简介</td><td>至少 1 学时</td><td>熟悉</td><td>面授</td></tr>
<tr><td>业务口团队情况简介及工作汇报程序</td><td>至少 1 学时</td><td>熟知</td><td>面授</td></tr>
<tr><td>岗位职责及具体工作任务</td><td>至少 2 学时</td><td>熟知</td><td>面授</td></tr>
<tr><td>工作流程、标准及相关规范要求</td><td>至少 3 学时</td><td>熟练掌握</td><td>面授（桌面演练、现场模拟演练）</td></tr>
</table>

续前表

课程名称＼培训内容	参考时间	应用标准	培训方式	师资来源	培训教材	培训地点
岗位专用工具、技术的使用（根据岗位工作需要安排）	至少 2 学时	熟练掌握	面授、实际操作			
岗位常见问题处理及突发紧急事件处理	至少 4 学时	熟练掌握	面授（桌面演练、现场模拟演练）			
岗位培训考试	60 分钟	考试合格率达到 100%	闭卷考试	相应业务口经理和志愿者经理（人事部、志愿者部安排人员）监考	书面试卷	

说明：
(1) 各场馆及其业务口按照场馆实际情况参照本模板设定培训课程安排。
(2) 残奥会志愿者的岗位培训参照本模板执行，根据残奥会竞赛项目的培训需求增加培训内容，设定培训课程安排。

资料来源：张晓红，等．大型活动志愿服务的组织与管理［M］．北京：中国青年出版社，2014.

（四）测试演练

测试演练主要开展医疗救护、应急处置、测试赛运行等相关的演练工作，是以提高志愿者在实际服务中的适应性和操作水平为主要目的的培训工作。在实际操作中，志愿者不断学习和修正，在演练中接受实践检验。

2017 年，天津举办的第十三届全运会的志愿者在测试赛时进行了首次演练，此次全运会的多个项目在正式比赛前进行了测试演练。在整个测试赛期间，共有超过 50%的全运会志愿者上岗服务。在岗位设置上，本次测试赛的志愿者服务工作包括常规的运动员接待、赛事技术支持、证件发放、医疗卫生服务、新闻宣传、观众服务等，此外，还根据各个项目测试赛的实际需要，设置了球童、运动员全程服务等特殊岗位，全面保证了全运会的志愿服务岗位需求。由此我们可以看出，测试演练作为大型活动志愿者培训的主要内容，被越来越多的大型活动培训组织方所接受。

北京奥运会志愿者现场演练包含现场演练、风险演练、指挥汇报体系演练和人员调度演练，如表 4 - 6 所示。

表 4 - 6　　北京奥运会志愿者现场演练

时间	演练内容		参与演练人员
4 月 15 日上午 8:30—12:00	现场演练	公共区对接演练	主管、助理、现场服务人员
		专项赛事演练、志愿者工作程序和规范演练	
	风险演练	现场伤病、纠纷、个别观众特殊行为演练	
		紧急疏散演练	
4 月 15 日下午 13:00—18:00	指挥汇报体系演练	观众服务体系	经理、主管、助理、现场服务人员
	人员调度演练	业务口沟通联络	经理、主管、助理

资料来源：张晓红，等. 大型活动志愿服务的组织与管理［M］. 北京：中国青年出版社，2014.

第三节　大型活动志愿服务培训的流程

优秀的培训系统是志愿者培训的重要保障。从操作层面上说，大型活动志愿者的培训流程一般包括调查培训需求、制订培训计划、选定培训内容和编撰教材、设计培训方式方法、构建培训体系、组织实施培训计划、培训效果评估与反馈等。培训工作必须严格执行每一个环节，只有这样，培训的作用才能得到充分发挥。具体可以归纳为四个环节，如图 4 - 2 所示。

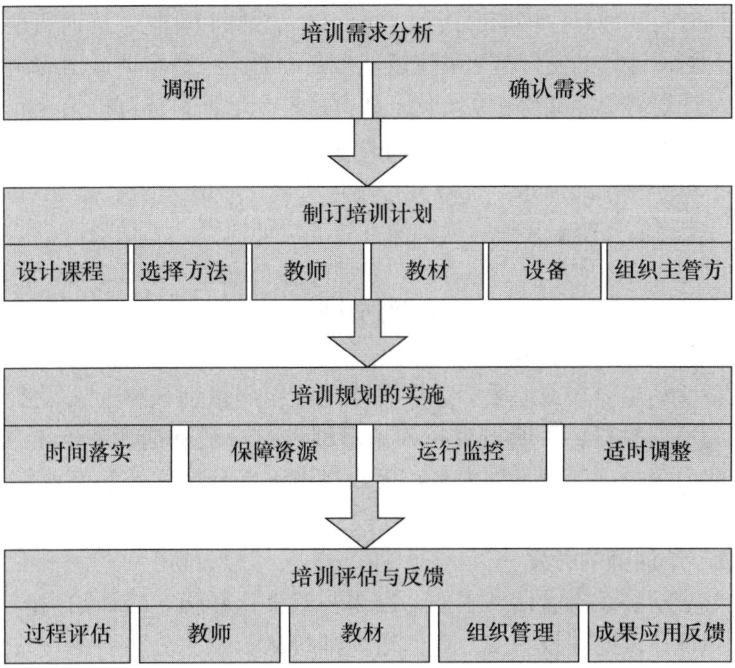

图 4－2 大型活动志愿服务培训流程

资料来源：张晓红，等. 大型活动志愿服务的组织与管理［M］. 北京：中国青年出版社，2014.

一、培训需求分析

随着社会对志愿服务认可度的提高，越来越多的领域需要志愿服务，特别是一些专业领域也开始使用志愿者，各个领域的岗位对志愿者也提出了更高的要求。一个组织预期发生的事情和实际发生的事情之间的差距，就是状态缺口，即需求。培训工作首先要进行需求分析，明确志愿者所需技能、责任和知识，它是包括志愿者培训工作在内的所有志愿者管理工作的基础。进行需求分析，才能明确志愿者的职责，根据志愿者所服务岗位对于知识、技能和能力的要求，开展培训工作。此外，培训需求分析可以对大型活动的运行进行前瞻性预测，如制订培训成本的预算、培训活动的实施计划等。

二、制订培训计划

根据确定的培训需求以及活动的特点，志愿者培训主办方需要制订详细的培训计划。培训计划一般包括培训对象、培训需求、培训目标、培训内容、培训时间和地点、培训形式和方式、培训教师和教材、培训费预算、签发人等。培训计划的制订需要关注以下几个方面：一是培训计划的制订需要系统性。计划需要标准化和系统化，从而将各个培训目标有机结合起来，达到统一的培训目的。二是要坚持培训的有效性，培训计划从整体布局，统筹考虑各个服务岗位的需求，统筹安排培训资源，时时关注志愿者培训情况，制定适合志愿者需求、志愿者能学懂弄通的培训内容。三是坚持培训的普遍性，培训计划是面向所有志愿者的，培训内容要适用于所有志愿者，组织方可以结合网络等新的培训手段制订培训计划。培训计划一般包括以下内容：

（一）培训教材的编写

大型活动组委会或组委会志愿者部应该组织培训教材的编写工作，形式可以为培训教材、手册或者指南。培训教材一般面向所有志愿者编写，所涉及的内容也以通用培训为主，可以在附录部分增加一些专业知识或常用英语的内容。

（二）培训师的开发

大型活动的志愿者培训工作，因为针对性比较强，培训的内容有部分是专业知识，因此建设一支专业的培训师资队伍是十分必要的，共青团中央已经开设了多期志愿者培训师课程，各地可以参考其建设志愿者培训的师资队伍，针对授课内容、技巧、方法和评估等开展师资培训。

（三）培训方法

第一，集中授课。集中授课是指一定数量的志愿者在指定的时间和地点，听取培训教师传授相关知识的培训方法。这种培训方法主要适用于通用培训或只适用于集中讲解的岗位技能培训。这种培训方法是高校志愿者常用的方法。

第二，网络培训。网络培训是指利用互联网开展培训。与传统的面对面授课相比，互联网培训具有以下特征：节约空间、节省时间；可以反复进行，制作的课程和光盘可以反复观看；教材和教学内容统一、规范；节约培训成本；可通过网络验收学习效果。

第三，研讨。研讨是目前比较常用的一种培训方法，在研讨的过程中，志愿者可以讨论志愿服务的相关知识和问题，加深对学习内容的理解，提高其运用知识的能力和综合素质。

第四，角色扮演。角色扮演是给志愿者提出一个场景，要求志愿者进行模拟演练，演练结束后，志愿者就演练情况进行讨论，共同提高。

（四）培训体系

大型活动需要在短期内组织大量人员进行培训，因此需要科学有效的培训体系予以保障。一般来说，培训组织方会建立多级培训体系，一是直接参与志愿者培训的同时也授权其他多个部门开展培训工作，如高校、政府有关部门、志愿者协会等；二是培训组织者和志愿者使用方也会根据要求各自负责志愿者的培训工作，通用培训一般由培训组织者完成，而项目培训和岗位培训由志愿者使用方完成。

三、培训规划的实施

培训规划的实施是培训运行的关键环节，主要包括制定培训实施细则、落实时间和场地、培训的组织与管理、培训资源供给等。由于大型活动的变化较多，志愿者培训也要具有可调节性和适应性，积极适应大型活动的节奏。另外还要有质量监控机制，在培训中如发现课程或者师资的不适应，就需要及时调整与变更，对培训项目负责。

四、培训评估与反馈

培训评估与反馈可以帮助组织方调整培训体系和方案，它既是对整个培训项目活动实施成效的评价和总结，又是日后开展新的培训项目的重要参考，可以为以后的培训项目提供重要的借鉴。比如，北京奥运会对志愿者培训项目的相关评估与总结为以后大型活动的志愿者培训提供了重要的依据与借鉴。

培训的评估包含过程评估和效果评估。过程评估主要用于检查整个培训过程是否存在问题，即检查需求分析、计划和设计、实施阶段可能出现的问题。过程评估一般包括培训实施前的评估和培训实施中的评估。效果评估主要是确认志愿者培训是否达到了预期目标，从而判断志愿者培训的有效性。效果评估是培训评估中最主要的内容①。

思考与讨论

1. 大型活动志愿者培训的功能有哪些？
2. 大型活动志愿者培训的流程是什么？
3. 通用培训、项目培训的工作重点有什么不同？

---

① 张晓红，等. 大型活动志愿服务的组织与管理［M］. 北京：中国青年出版社，2014.

第五章
大型活动志愿服务的运行

引 例

2018上合组织国家电影节志愿者团队建设

2018上合组织国家电影节志愿者临时党支部在青岛西海岸新区星光岛正式成立。为充分发挥党员志愿者的先锋模范作用、全力提升上合组织国家电影节志愿服务水平，6月13日，上合组织国家电影节志愿者管理部成立了临时党支部，由参与服务本次电影节的36名党员、预备党员志愿者组成。志愿者临时党支部将重点发挥带头模范作用，除鼓励并团结志愿者中党员、预备党员和入党积极分子等有生力量外，还肩负着来自中国石油大学（华东）、山东科技大学等驻区高校160名志愿者的上岗出勤、征集志愿心语、协助做好后勤保障等工作任务。在青岛西海岸新区大型节会志愿服务活动中成立志愿者临时党支部，通过“双重身份”（既是党员或预备党员，又是志愿者）来宣传培育志愿文化和志愿精神，是青岛西海岸新区团委承担的多次各类大型节会志愿活动中的创新性做法。

此举不仅让驻区高校大学生更好地参与志愿服务、做好志愿服务，也使得党员、预备党员大学生们能够通过志愿者这一特殊身份再一次定位自己、认识自己、锻炼自己。青岛西海岸新区团委将通过进一步完善制度建设、开展主题党员日等活动，不断增强临时党支部的战斗力，努力将“青岛西海岸新区大型节会志愿者临时党支部”建设成为参与志愿服务的前沿阵地，助力西海岸新区更好更快发展。

资料来源：http://news.cyol.com/yuanchuang/2018-06/14/content_17293404.htm.

在完成志愿者的招募、培训等工作之后，随着大型活动的正式开幕，大型活动志愿服务进入主运行阶段。大型活动运行期的志愿者管理至关重要，它不仅关系到志愿服务工作能否顺利进行，还关系到整个大型活动能否成功举办。要做好运行期的志愿者管理工作，就要坚持协同合作原则、动态调整原则、以人为本原则和适时激励原则，通过密切的分工合作、灵活的应对以及人性化的管理措施做好志愿者的日常管理，调动他们的积极性。

从关键环节来看，做好大型活动志愿者管理工作要抓住关键环节、主要矛盾，包括排班轮岗、团队建设、应急管理等环节，在这些环节上不出问题，整个大型活动志愿者的管理就成功了一半。本章主要介绍大型活动运行期间的主要环节和操作要点。

第一节　大型活动志愿服务的管理

一、大型活动志愿服务管理的原则

志愿者既是志愿服务的工作力量，也是志愿服务的管理对象，更是志愿服务工作的基础。大型活动运行期间对于志愿者的管理不仅仅要契合国际惯例、符合我国国情，更要根据地区特点并结合大型活动自身的运行特点。从以往大型活动的实施状况来看，大型活动志愿服务的管理应遵循以下几点原则：

（一）协同合作原则

各类大型活动的组织都是一项复杂而庞大的工程，往往需要大型活动志愿者工作部门、志愿者工作场馆运行团队、场馆归属地、志愿者所在单位等多个部门相互协商、积极配合。鉴于活动期间人数多、工作量大而且复杂，资源的高效合理分配、任务的明确分工、组织的合理调用就显得尤为重要。协同合作原则要求部门和部门之间、部门的工作人员和志愿者之间、志愿者与志愿者之间要统一思想、统一行动，紧密协调，形成合力，共同为大型活动的顺利进行提供高效优质的服务。一场大型活动仅凭借某个部门或者某个人的力量，是无法顺利开展的。在各部门职责划分上，应遵循“谁使用、谁管理、谁负责”的原则对志愿者进行业务指导、岗前培训、岗位管理等。同时，志愿者工作相关部门，还要肩负起志愿者的激励、保障、团队建设等事宜，加强与志愿者所属单位的志愿者保障团队的协调沟通，共同处理好志愿者的调度调配、应急餐饮、应急住宿以及交通安排等工作事项，做好大型活动安保控制和与注册志愿者的衔接配合。

（二）动态调整原则

一项大型活动的举办是个系统的工程，涉及的志愿者数量多、分布不集中、个体差异相对大等，所以，就算在筹办期间详细地制订了具体实施方案，也会在实际实施的过程中出现无法预测的、不可控的情况，所以在具体实施过程中，要时时刻刻根据当时情况对方案进行动态调整，保证大型活动志愿服务工作的顺利进行。

（三）以人为本原则

现实工作中，多数大型活动的志愿者来源不集中且成分复杂，但志愿者们都是不求名利、不求回报地在活动中服务他人、奉献社会，所以要在尊重志愿者的基础上进行相应的管理，树立“以人为本”的理念和机制，彰显对志愿者的人文关怀，以便更好地调动志愿者的服务热情和积极性。

（四）适时激励原则

志愿服务事业需要投入感情和精力，激发志愿者的服务热情、满足志愿者自我实现的高层次需求，需要我们建立起一个可行有效的激励制度。在活动期间，由于工作压力、心理负担重等因素，参与服务的志愿者很可能会出现情绪低落、效率降低等状况，从而造成部分志愿者的中途退出，所以对于志愿者的管理不应太过死板。激励制度的设计不仅要统筹考虑，也要有一定的可变弹性，便于动态调整，这样才能尽可能地满足志愿者们的需求。

二、大型活动志愿服务管理的重点工作

大型活动运行期间的志愿者管理是一项复杂的系统工程，需要科学合理的管理方法来保障志愿服务工作的顺利实施。从历次大型活动志愿服务的成功经验来看，只有通过岗前培训、团队建设、轮岗排班、宣传和遗产转化、志愿者激励表彰、志愿者保障、志愿者管理与维权这七个重点工作内容的科学有效的组织管理，志愿服务工作才能够有序进行。

第一，岗前培训。志愿者部门要负责组织志愿者场馆知识培训以及岗位细则培训，使志愿者能够对服务岗位工作所需的相关知识和能力进行系统掌握，并且能够在岗位上以测试运行和演练的方式进行实践。

第二，团队建设。搭建志愿者组织体系，构建有效的志愿者管理队

伍，通过有效的组织机构完成志愿者的管理、考核、督查等工作，按照大型活动的等级规模，辅之以配套的志愿者组织队伍，才能保质保量完成志愿者管理工作。

第三，轮岗排班。大型活动的志愿者服务范围较广，这就需要对志愿者的人数需求和岗位安排进行合理规划，科学、精确地梳理志愿者需求计划与工作点位之间的关系。

第四，宣传和遗产转化。对于各种大型活动的志愿者宣传工作，我们可以通过志愿者工作简报、海报、摄影摄像作品、纪录片等多种方式在志愿者内部乃至面向社会进行宣传，展示志愿者风采。同时，为了做好志愿者资料的收集归档工作，需要对遗产转化工作做足充分准备。

第五，志愿者激励表彰。在志愿者管理中采取柔性管理办法，将对志愿者的内在激励和外在管理相结合，以精神激励为主，通过强化其服务过程中的个人价值实现以及社会公益性，满足志愿者在服务过程中的荣誉感和价值体现，实行更加人性化的管理。

第六，志愿者保障。志愿者保障机制的建立，能够有效提升志愿者在志愿服务中的安全感和荣誉感，增强全社会对志愿服务事业的认同，使志愿者在服务的过程中能够获得更多精神上的鼓励与支持。

第七，志愿者管理与维权。对志愿者进行的行政管理是管理工作的重要组成部分，要合理地安排志愿者人员计划和人员点计划，使其能够对接匹配，以此保障每个志愿者都有自己合理的任务，确保每个志愿者有岗、有责、有权，同时也要对志愿者的权益做好保护。

第二节　志愿者岗位对接和志愿者保障

一、对志愿者使用方的工作要求

（一）建立联络机制

大型活动期间，志愿者组织体系的构建极为重要。为建立健全大型活动志愿服务工作的联络机制，畅通活动期间的联系渠道，全面提升工作效率，主办方各管理部门应明确一名分管领导和一名联络员，分管活动期间志愿服务相关事宜，与来源单位开展工作协调和对接。活动主办方各需求部门应按照“谁使用、谁负责、谁管理、谁保障”的原则，明确相应联络员与管理部门进行对接，并牵头负责制定本部门志愿者岗位细则、志愿者岗位管理保障等工作，同时，需求部门也应全面做好志愿者的餐饮、住宿、交通等后勤工作，全方位保障各部门志愿者服务的流畅性。

（二）组织集中学习

大型活动筹备前期，活动主办方、来源单位分管志愿服务工作的联络员，共同承担着志愿者组织、骨干交流、志愿者激励、后勤保障等系列工作。为了加深与志愿者来源单位和志愿者骨干的合作，活动主办方各需求单位志愿服务相关负责人首先要结合活动特点，熟悉掌握志愿服务工作的组织流程，熟悉志愿服务工作的组织技巧。对相关岗位需要的相关技能要提前进行岗前集中学习，并集中组织各类培训，以提升组织志愿者的各项能力。

（三）合理设置岗位

活动主办方各需求部门应着眼优化岗位设置、科学配置人员及合理分工，对志愿者需求和岗位进行合理测算，科学设计服务岗位，制定岗位工作标准与岗位职责，明确岗位运行工作流程。对各志愿服务岗位可能遇到的突发事件，要提前拟订预案，准备充足。各需求部门结合本部门实际需要，提出服务岗位人员需求，避免需求过度形成的资源浪费和分工混乱，以及需求过少造成的工作人手不足。

（四）开展岗位培训

在各类大型活动中，岗位培训至关重要。带领志愿者进行实地勘察和反复演练，可以帮助其明确岗位职责、熟悉岗位环境和工作流程。培训中，各需求部门要牵头做好岗位专业技能培训、礼仪培训和实地演练，强化志愿者对业务知识和技能的熟悉掌握，为提供热情、专业、优质的服务奠定基础，确保志愿者对岗位职责、工作标准、工作流程及问题处理的了解和把控，帮助其对岗位具体地点、周边环境加强熟悉。

二、大型活动志愿服务的保障

（一）概念与工作重点

保障是指保护、保证等手段与起保护作用的事物构成的可持续发展支撑体系。志愿服务保障就是保证“志愿服务”持续性的个人因素和社会因素的有机整合，它不仅仅是志愿者保障，也不仅仅是志愿者权益保障，它主要是指给予志愿服务法制、政策、资金、技能、志愿者权益和社会认同等多方面的相互作用和支持，以保障志愿服务更有效、更有力、更全面地开展。机制指有机体的构造、功能及其相互关系和机器的构造、工作原理。在社会学中，其内涵可以表述为“在正视事物各个部分的存在的前提下，协调各个部分之间的关系以更好地发挥作用的具体运行方式”。在常用语境中，“机制”被解释为“制度化了的方法”，理解机制这个概念，最主要的是要把握两点：一是事物各个部分的存在是机制存在的前提，因为事物有各个部分的存在，就有一个如何协调各个部分之间关系的问题；二是协调各个部分之间的关系一定是一种具体的运行方式。所以，机制和制度是不同的，制度一般指要求大家共同遵守的办事规程或行动准则，而机制则保证了制度可以正常地发挥其作用。由上面的论述可得，“志愿服务保障机制”是为了规范志愿者的行为，使志愿者可以通过机制规定范围内恰当的条件来进行志愿服务，提高服务质量，从而保证志愿服务工作的有序开展。志愿服务保障机制的核心是保障，保障志愿活动的顺利有序进行。具体来说，志愿服务保障机制的目的在于保障志愿者在志愿服务活动中的权利，保障志愿者工作的顺利进行，同时保障志愿服务对象以及第三方的正当权利。

（二）流程与过程描述

由于为志愿服务提供保障的主体不同，可将志愿服务保障的内容按照其不同的主体划分为三类：来自政府的保障、来自社会的保障和来自志愿活动组织方的保障。具体的保障方法可分为生活保障、社会资源保障、组织管理保障、健康安全保障以及其他保障。具体如图 5-1 所示①。

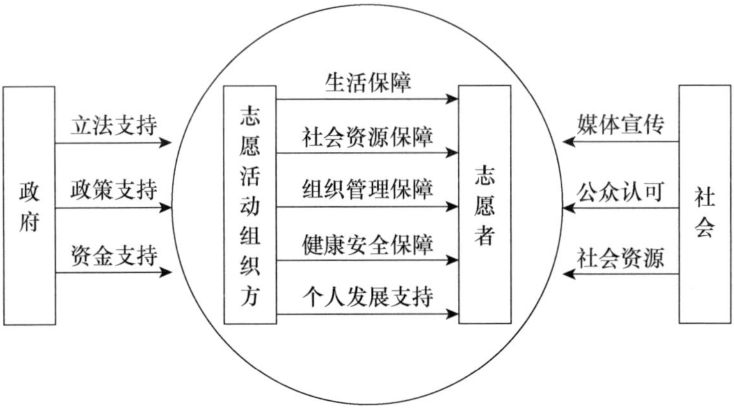

图 5-1　志愿服务保障内容

① 尚磊. 中国志愿服务保障机制研究［D］. 安徽：中国科学技术大学，2008.

（三）实操与案例分析

案　例

广州亚运会志愿者保障

广州亚运会期间，在《广东省青年志愿服务条例》大框架的指导下，大型活动组织方广州亚组委会同广州亚运会志愿者工作协调小组研究制定了《广州亚运会、亚残运会赛会志愿者保障和激励通用政策》《广州亚运会、亚残运会注册城市志愿者保障和激励通用政策》《广州亚运会、亚残运会学生志愿者工作的实施意见》《广州亚运会、亚残运会赛会志愿者激励表彰计划》《广州亚运会赛会志愿者通用政策》《广州亚运会志愿者通用读本》等具体针对此次赛事的规章制度，保障亚运会志愿服务工作的正常开展。

资料来源：张晓红，等．大型活动志愿服务的组织与管理［M］．北京：中国青年出版社，2014.

【点评】

广州亚运会建立了一整套完备的志愿者保障机制，使志愿者工作开展得更加有序，保障了志愿者的合法权益。

1．保障体系——政府

（1）完善志愿服务立法，确立志愿服务的法律地位。

目前，中国正在推动志愿服务全国性立法，志愿者管理方面的条例已有《中国注册志愿者管理办法》《志愿者注册登记制》《志愿服务时间储蓄制度》等，这些条例或规定在一定程度上维护了志愿者的权益，促进了志愿者的规范化管理。但随着我国志愿服务事业的快速发展，志愿服务组织越来越多、服务队伍越来越壮大、服务活动越来越频繁，为此，2017 年 12 月 1 日，《志愿服务条例》开始施行。通过对志愿服务进行立法，确定志愿服务的法律地位，提升人们对志愿服务的认知水平，提升志愿服务在社会发展和进步中的地位和作用，促使全社会共同关心、支持和参与志愿服务事业的社会氛围的形成，促进社会融合。只要有国家层面的志愿服务相关法律来统一对志愿者的地位、权利、义务予以明确，充分保障和规范志愿服务，就一定能更好地彰显国家对志愿服务的高度重视，保障志愿组织及志愿者的合法权益，使志愿服务事业在良好的法律环境下发展。

（2）对志愿服务给予更多的资金支持和政策支持。

志愿服务资金不足，资金渠道单一，国家和政府除了应为志愿服务提供一定的资金支持外，还应当给予组织管理、财务和税收政策、捐赠政策以及对志愿者本人及活动的社会认可等方面的政策支持，向全社会传递“鼓励公民参与志愿服务”的信号，促进社会资金投入志愿服务领域，提高志愿服务的社会地位，进一步弘扬志愿精神，激励公民积极参与志愿服务。

案　例

中国公众参与志愿服务的政策演变

北京奥运会志愿服务与汶川地震灾区志愿服务的热潮，推动中国公众参与志愿服务的热情高涨，促进统筹协调机制的建设。如果说奥运会志愿者是有计划、有组织的，那么汶川地震之后，全国各地自发涌向灾区提供服务的百万志愿者，就是出人意料的，格外引人关注。这说明，中国公众蕴含极大的志愿服务热情，关键是需要激发、需要激励。2008年颁发的《中央精神文明建设指导委员会关于深入开展志愿服务活动的意见》指出，坚持资源参与和社会倡导相结合，既尊重人们的服务意愿，鼓励人们自主参与，又强调公民的社会责任，努力扩大志愿服务活动的覆盖面，增强志愿服务活动的影响力；坚持社会化运行模式，把党政各部门、社会各方面组织起来，形成强大工作合力。党和国家委托文明委作为统筹协调机构，联合民政、团委等系统，凝聚广大公众的志愿服务力量，为社会和谐发展做出贡献。从各地区的实践看：一是成立党政牵头的“志愿者工作委员会”“志愿服务工作领导小组”“志愿服务事业发展指导委员会”等，将志愿服务事业纳入党政议事日程，进行统筹协调。二是在原有青年志愿组织、社区志愿组织等基础上组建“志愿者联合会”“志愿者协会”，作为志愿者和志愿组织的联盟，协调服务、共享资源。三是成立“志愿者事业基金会”“志愿服务基金”等，通过扶持项目、资助组织，引导志愿服务健康发展。

资料来源：谭建光．中国公众参与志愿服务的政策分析（上）．中国青年志愿者网，2012-05-09.

【点评】

我国的志愿服务从中央国家机关的志愿队伍发展到社区、农村志愿服务网络，从国有企业员工志愿队伍发展到外资企业、民营企业志愿组织队伍，从青少年志愿服务项目创新到老年人志愿服务活动丰富，逐渐形成了全社会的志愿事业发展热潮。

（3）加强对志愿者的志愿精神和技能培训、生活保障及健康和安全管理。

加强对志愿者的志愿精神和技能培训，不断提高志愿者自身素质，才有可能提高其志愿服务的质量和效率，才能增强志愿者应对各种困难的能力，所以建立一套完备的志愿者培训体系非常重要。培训内容应当包括志愿服务理念培养、服务地概况介绍、相关政策法规介绍、相关知识传授和志愿服务相关案例研究，还有志愿服务领域的专业技能、与组织和其他志愿者交流沟通技能、社会实践技能以及服务项目的组织技能，此外，卫生健康知识、交通安全知识、治安应对措施、突发公共卫生和安全事件的应对能力等也要纳入志愿服务培训。生活保障、健康、安全是人们从事任何劳动的最基本需求，对于志愿者来说，基本的生活条件、必要的健康和安全管理能够解除他们的后顾之忧，使之全身心投入志愿服务事业，极大地提高志愿服务的质量和效率。

（4）提高志愿组织管理能力，提升志愿服务绩效。

志愿组织要不断提高管理能力，在做好志愿者基础信息登记后，还要做好后期如志愿者服务时长记录、服务质量督导等管理工作。要将志愿者、志愿机构、志愿活动项目进行匹配，培训志愿机构和志愿者，并了解社会需求，开发志愿者的岗位和机会，从选拔、培训、分派工作等一系列环节出发，提供科学、规范的管理。与此同时，还要注重对志愿者的个人时间支配、家庭情况、知识结构等硬件素质以及志愿者自身兴趣、理念、热情等方面的软素质进行综合考察评定，有针对性地让志愿者参与相关志愿服务，提升服务质量。同时还要不断完善服务激励机制，如完善重大项目的单项表彰和星级志愿者认证工作，每年以政府名义表彰志愿者，并在职称评定、道德模范评选、企业招工、学校招生等方面给予优先考虑，这些措施不仅能调动公民参与志愿服务的积极性，也能不断发挥志愿者的榜样效应，吸引更多公民参与志愿服务事业，不断提升志愿服务绩效。

2. 保障体系——志愿活动组织方及其设置的志愿者部

志愿者其实是一个需要“被服务”的群体。这里所指的志愿者“被服务”是指除了前期培训、工作餐等实物形式服务之外的精神层次的，看不见、摸不着的服务，主要是面向志愿者心理层次的关心与体谅、服务安排的人性化等方面，这些精神层次上的“被服务”往往能够带动社会整体的志愿服务氛围，提升人们对于志愿服务的认同感。大型活动是一项有目的、有计划、有步骤地组织众多人参与的社会协调活动，活动的发起、组织机构即大型活动的组织方。大型活动往往需要耗费很多资源，包括人力、物力、财力资源，在讲求效益的市场经济时代，无论任何类型的大型活动都必须设法降低运营成本，而非营利性大型活动更是如此。所以，将大型活动尤其是非营利性大型活动与志愿服务相联系，由志愿者来承担信息咨询、语言等方面的服务，既能确保活动的顺利开展，又能降低运行成本，无疑成了最佳的选择。在确定大型活动需要设立的志愿服务项目时，大型活动组织方会确立志愿服务项目的主责机构，设立独立的志愿者部来负责组织、管理志愿服务活动的开展。大型活动组织方作为大型活动的“中枢”及上级主管部门，则要为志愿者部提供财、物等方面的鼎力支持，保障志愿服务活动的顺利开展，进而使大型活动能够成功、圆满地举行。

（1）志愿服务基础保障。

志愿服务基础保障包括硬保障和软保障，硬保障是对证件服装、餐饮、保险等做出保证，硬保障可延伸到装备发放、交通等其他方面；软保障是在改善志愿者的生活方面给予一定的补助，比如提供住房或者住房补贴、通信费、差旅费等。

从志愿服务的实质出发，志愿者是无偿参与志愿服务活动的，他们奉献了自己的时间、精力、技术水平等相关资源，本身已付出了相当大的成本。为了维持他们的积极性，同时本着人道主义精神，志愿组织和志愿服务对象应当对志愿者从事志愿服务时的饮食、交通、住房等给予一定帮助，这样才能吸引更多人从事志愿服务，也可让志愿服务活动更加普及。

（2）健康安全管理。

健康安全管理包括以下内容：医疗保障，提供常备药品、医疗器械，提供健康、安全物资，人身意外伤害保障，专人、专门机构负责健康安全，志愿者服务期间的保险①。

---

① 张晓红，等. 大型活动志愿服务的组织与管理［M］. 北京：中国青年出版社，2014.

志愿服务活动的组织应该本着“以人为本”的精神，在志愿者为活动奉献自身的同时，保障志愿者的身体健康，尽最大努力为其提供舒适良好的生活环境和工作环境。若其在工作中出现健康意外，即使是发烧、擦伤等，也应当及时救治，在志愿服务过程中，更应当合理安排志愿者志愿服务的时间，让他们得到有效休息，使其以充沛的体力与饱满的精神状态投入志愿服务。

（3）个人发展支持。

在计划服务期满之后，志愿者将面临当前就业形势严峻的问题，政府与组织应根据其特长提供相匹配的岗位，并在就业政策方面给予一定的照顾。同时，相关机构也应考虑让志愿者在从事志愿服务期间学习一定的新知识，与时俱进，培养其实在的社会技能，使他们将来在择业时能与从事志愿服务期间的经历相结合，实现可持续发展，这不仅是为志愿者个人的未来规划考虑，也可使志愿服务组织招募到更多志愿者，维系其生命活力。

（4）组织管理保障。

我们应当建立关于志愿服务长效的管理机制和工作机制，在服务领域、人员招募、项目策划与推广、组织管理、组织发展等方面实现系统化、组织化、规范化、专业化、制度化、持久化。比如，实行志愿者登记注册管理制度，对临时性不在册志愿者和注册志愿者进行区别，减少资源的闲置和流失。

建立志愿服务网络，让具有相似宗旨的志愿服务组织能够相互联系和协商彼此的资源配置，避免资源的浪费与重复；使不同类型的志愿服务组织能够借助服务网络，在人力、资讯、经费与分工方面有相互合作的机会，汇集并整合各自的力量，达到志愿资源配置最佳化、服务效用最大化。

整合各方资源，打破条块分割，建立统一协调机制，合理配置人、财、物。

3. 保障体系——社会

区别于政府和志愿服务组织方为志愿者提供的直接保障，社会所能提供的保障是间接的。比如，受志愿者部的志愿者工作宣传影响，大众媒体参与其中并为志愿活动进行积极正面的宣传，从而激发民众或一部分组织对志愿者的支持，如为志愿活动提供便捷通道、捐赠物品、筹措资金等，具体如下：

（1）媒体参与。

大型活动具有参与人数众多、社会关注度高、传播渠道多样化、传播受众广等特点。在大型活动过程中通过引入志愿者、设定志愿者口号、讲述志愿者服务故事、传播志愿者新闻，为志愿服务形成良好的舆论环境，让志愿服务被公众认同，有利于汇聚社会资源，传递社会关爱，弘扬社会正气，推动我国志愿服务事业快速发展。媒体的积极宣传，不仅有利于志愿者个人形象的正面塑造，也为大型活动的举办提供了强有力的支撑，为我国社会的和谐与稳定发挥了重要作用。

案　例

志愿者保障体系之社会（媒体参与）——南京青奥会

2014 年南京青奥会期间，青奥组委通过各种媒体向公众宣传志愿活动，志愿者–青奥会官方网站成为发布志愿者信息、展现志愿者风采的平台。该平台开设了“志愿者宣言”“志愿者新闻”“志愿者故事”等专栏，刊登了大量信息。同时也可利用该平台传播赛事最新消息。搜狐体育、新华网等也对此进行大量宣传。

【点评】

南京青奥会对志愿者的广泛宣传，提高了志愿服务的公众知晓率，加强了社会对志愿服务的支持力度，树立了南京青奥志愿者的良好形象，营造了全民关心、参与志愿服务的良好社会氛围。

（2）社会组织与个人参与。

为了促进志愿服务事业的发展，《志愿服务条例》规定了多项扶持和保障措施：由政府和有关部门采取的促进措施。大型活动志愿服务项目在社会组织及个人方面得到的保障基本源于国家政策、媒体宣传的鼓励与号召，主要体现在由社会组织或个人为志愿服务提供财力或人力方面的支持等。

财力支持。许多社会组织或个人为大型志愿活动提供财务方面的资助，一方面，是因为资助方对志愿活动具有自身的喜好和关注或资助方有较强的社会责任感；另一方面，是因为大型志愿活动基本由政府或相关国家部门宣传主办，其本身会产生很大的社会影响力及舆论关注，许多企业可借助为志愿活动提供资金支持来为其品牌做宣传以获得良好的口碑，助力企业文化建设。

案　例

志愿者保障体系之社会——天津全运会

2017 年天津全运会，“乔丹体育”为其投入价值超过八千万的现金和装备，不仅成为赛会的高级合作伙伴，还为北京、山东、辽宁、黑龙江四个代表团提供专业运动装备。在全运会合作发布仪式的现场，天津全运会组委会向“乔丹体育”授牌，“乔丹体育”正式成为 2017 年全运会体育用品行业唯一官方合作伙伴，为组委会提供装备支持。另外，天津航空、天津肯德基有限公司、天津住宅建设发展集团有限公司等十家企业成为本届全运会赞助商。其中，天津航空为全运会提供四千张特价机票，并且将对一架全新的空客 A321 航班进行全运会主题喷绘，并命名为“全运号”。天津肯德基有限公司作为签约的唯一一家熟食供应商，从全电子化的原料质量控制、标准化的食品制作过程等方面，确保食品安全，等等。

资料来源：全运会组委会相关资料。

【点评】

大型活动期间，许多企业可借助为志愿活动提供资金支持来为其品牌做宣传以获得良好的口碑，助力企业文化建设。

人力支持。志愿者是非营利组织重要的人力资源，是非营利组织发展不可或缺的要素。区别于有酬员工，志愿者在大型志愿活动的人力支持领域发挥着至关重要的作用。而志愿者大致又能分为两类，一类是志愿活动所需的各方面的专业技术人才，另一类是负责普通工作的志愿者。前者多服务于专业性较强的场合中。例如：中国青年志愿者扶贫接力计划中有研究生团队前往贫困地区支教；复旦大学博士生医疗团前往革命老区、贫困山区、少数民族地区等进行医疗卫生状况调研、下乡义诊、手术示教等，助力精准扶贫、为基层百姓提供免费的医疗帮扶。后者多服务于活动范围广、涉及面大、人力资源需求量大的场景。例如：2017 年的第十三届全运会，总计招募高校志愿工作者 17 000 名，他们来自天津科技大学等天津 43 所高校，等等。

由此可以看出，成熟化、完善化、专业化、主动性等特点在大型活动志愿服务中渐渐体现出来，各类志愿服务的案例也为日后大型活动志愿服务的社会组织及个人保障提供良好有力的示范与支撑。

第三节　大型活动志愿服务运行关键期主要工作

一、志愿者团队建设

团队凝聚力是维持团队存在的必要条件，如果一个团队丧失凝聚力，团队就像一盘散沙，这个团队就难以维持下去，并呈现低效率状态。而凝聚力强的团队，其成员工作热情高涨，做事认真负责，并有不断的创新行为。

（一）概念与工作重点

志愿服务工作具有自愿性、无偿性、公益性、组织性四大特征。志愿者队伍的组建也具有临时性和不确定性，因此，志愿者团队的建设就显得格外重要。充分运用志愿者资源，组建一支稳定而又有效的志愿者队伍，对于开展服务是十分必要且有益的。可以说，大型志愿活动离不开志愿者，而有志愿者的地方就离不开志愿者的团队建设。以第十三届全运会和2018天津夏季达沃斯论坛为例，其志愿者团队基本由高校大学生组成，他们经过层层选拔，从不同学校、不同专业而来，在相同场合甚至相同岗位进行志愿服务，而对于在社会工作中经验积累少的他们来讲，通过相互协调配合实现共同的工作要求是较为困难的，这个时候对志愿者进行相应的培训（志愿者团队建设）就显得极为重要了。团结高效、合作良好的志愿者队伍为志愿活动的圆满完成提供着重要的人力资源保障，具体体现在以下两个方面：

（1）团队建设有利于加强志愿者队伍的凝聚力，提升志愿者主人翁意识。

志愿者团队的形成本就源于志愿者相同的社会责任感或对志愿服务的兴趣。因此，建立团结的队伍是志愿服务的关键步骤。良好的团队建设会使志愿者队伍拧成一股绳，有力一起发，对团队凝聚力的增强起着决定性的作用。此外，要使团队成员对这个临时组建的队伍产生家一般的感觉，提升志愿者在志愿服务中的主人翁意识。同时，团队的领导应给予团队成员相互配合、相互适应的策略，使大家能够在短时间内培养团队默契，也为整个队伍创造和谐、融洽的相处氛围。只有整个团队的气氛吸引人，团队才能自然而然地获得其成员的认同。

(2) 团队建设有助于搭建志愿者之间即时、有效沟通的平台。

目前，大型活动的志愿者主体是大学生。相比于其他志愿者群体，大学生志愿者有着很大的优势，例如学历高、组织协调管理能力强，但同时他们也具有一些不可避免的劣势，例如与社会接触较少、心理脆弱、难以适应社会上的工作模式。所以，对于志愿者岗位的工作，需要一个学习、实习、参与的过程。同时，在相同或类似岗位的志愿者之间一般会有很多信息需要实时、有效地交流沟通。服务类的团队建设应提供相应的平台，方便志愿者联络、沟通，当有意外发生时，问题就可以及时得到解决。

团队建设在一定程度上满足了志愿者的多元化需求。虽然参与志愿服务的志愿者起初动机可能各不相同，但是多项调查表明，对成就感的获取、人生阅历的丰富、朋友圈的扩大等精神层面的需求仍然占主导地位。对于如何建设志愿者团队，并将团队中的每个人融入团队建设以及如何处理好团队中的人际关系，从而将团队建设成为一个积极向上、互帮互助的志愿者团队，有效地调动志愿者的积极性和自信心，使他们的潜能得到更好的发挥，成为现代志愿者团队建设的主要问题。解决这些问题，有助于激发团队中个体为实现志愿者队伍整体目标而不懈努力的动力，从而满足志愿者的精神需求。

（二）流程与过程描述

在20世纪初期，团队的概念起源于西方的一些国属企业的管理中。因为以团队的形式进行工作可在很大程度上提高工作效率，加强人与人之间的信任和帮助，所以团队组织形式逐渐成为一种新的管理方式被应用于大型活动的举办。

团队，是指团体成员根据任务部署形成的工作单位，是目标共享、配合密切的工作单位。团队的每个人不懈余力地参与任务并完成任务，从而体现1+1>2的特点。在伦敦奥运会、广州亚运会、上海世博会等大型活动中，每个志愿者团队的建设与举办方组织结构的管理体系并行，形成了以职能型组织管理体系为主、志愿者团体为辅的组织管理模式。二者紧密结合，将组织管理的严谨性、纪律性与团队建设恰到好处地融合在一起，从而打造出一支高效有序、和谐融洽的庞大的志愿者队伍。

组织结构完善、团队目标一致、团队文化独特、沟通机制高效是一个优秀的志愿者团队和谐、顺畅形成的关键。

1. 完善的组织结构

整个志愿者团队建设中最不可或缺的因素就是组织结构的完善。一个优秀的志愿者团队必定有一个稳定、和谐的组织结构，而这种结构框架为团队成员的任务分配、协调合作提供了一个很好的平台。当然，任何一个团队的结构框架都不是一成不变的，需要我们根据团队目标、团队特点等因素进行调整。

2. 共同的团队目标

中国体操王子李宁认为，正是因为人有无限潜能，所以一切皆有可能。在大型活动志愿者团队建设中，首要的是培养成员的认同感和归属感，将个人思想潜移默化地变为团队目标，使成员之间能够相互信任、相互配合、相互理解，为实现团队的最终目标无私奉献。团队中的志愿者对于共同的目标都付出努力之时，其潜能就会被激发出来，从而实现意想不到的效果，为营造出团结互助、合作共赢的团队氛围奠定良好的基础。

3. 独特的团队文化

团队建设的另一个重要部分是团队文化。团队文化的建设目的是引导志愿者的价值观与志愿服务理念相结合，从而将团队中的每个成员与团队整体紧密地联系起来，提升大家团结合作的能力以及办事的效率，使团队的凝聚力和爆发力得到增强，为志愿者大家庭营造出团结一致、共同奉献的积极氛围。

4. 高效的沟通机制

在大型活动中，志愿者通常来自不同地方，互相并不熟识，所以形成志愿者之间相互认识和理解的沟通机制，有利于团队机制高效运行。

目前，大型活动的志愿者主力军通常是青年人，尤其是大学生群体。他们思维灵活，有较强的接受新事物和新思想的能力，在交流和沟通方面，他们能不断延伸和丰富。在他们的带动下，志愿者之间的交流沟通方式也在不断地走向多元化。熟练使用微信、微博等现代通信技术，使志愿者之间沟通和交流的效率充分提高。

（三）实操与案例分析

若要大型活动顺利地运行，就需要激发志愿者的热情、发挥团队建设的优势、顺利完成团队的目标。在很多大型活动中，例如上海世博会、全国大学生运动会等，志愿者们依据我国的体制优势和国际大型活动的惯例，在团队建设策略方面形成了很多值得我们借鉴和参考、新颖独特的做法。

1. 优化团队组织结构体系

志愿者团队建设在大型活动中有益补充了志愿者自上而下的管理体系，二者相辅相成、互相补充，各有侧重，它们使志愿者管理的组织构架得到完善、使志愿服务可以高效地运行。在大型活动中，志愿者人数较多、规模庞大，所以一般情况下，志愿者团队为了增强同一岗位或者相邻岗位志愿者的交流与沟通，在服务场馆建立了数个志愿者团队。依据大型活动志愿服务的需求特点和志愿者的群体特征，志愿者团队可以对其组织体系进行优化。例如在大型活动志愿服务期间，党员志愿者、团员志愿者带头做表率、迎难而上、不言放弃的精神在建立临时的党支部和团支部中被激发，充分展示了模范人物的风采。

即使大型志愿服务任务繁重、压力很大，但志愿者们在临时党支部、团支部的感染和号召下，在团队中不断发挥带头和表率作用，在此过程中，他们感受到了自己的双重使命，同时也萌生了荣誉感和自豪感。

2. 开展多元化的志愿者团队文化建设

为了增加志愿者的认同感、提升志愿者服务的积极性、提高工作效率，需要在团队组建和发展过程中逐渐形成团队文化。北京首届武搏运动会期间，经费预算非常紧张，但主办方仍然指导各高校志愿者团队开展建设“志愿者之家”活动，为志愿者团队提供专门的经费，同时明确提出了四有要求，即“有人员、有场所、有活动、有保障”。由此可见，打造志愿者团队文化建设，首先，需要志愿者们建立“奉献、友爱、互助、进步”的服务精神，传播帮助他人、为社会奉献的快乐和幸福感。从“志愿者之家”、休息室的布置能看出，团队充分考虑了志愿者的需求，为了志愿者能放松心情、缓解压力和疲劳而营造温馨舒适又积极向上的气氛，打造了一个丰富多彩的心灵家园。其次，可以采取分享共同目标、共同思考发展规划、共同设计团队徽标等方式来创造志愿者团队合作的情景，引导志愿者认同团队的价值观，增加团队凝聚力和向心力，使志愿者产生归属感。最后，要帮助志愿者解决其在服务中遇到的实际问题和困难，化解分歧，同时充分关注志愿者并理解他们。由于志愿者是自愿参与到大型活动的志愿服务中的，所以他们更希望得到尊重和认可，更希望在志愿服务的过程中，满足精神需求、实现自我的人生价值。

案　例

志愿者团队建设（文化建设）——第十三届全运会“志愿者之家”

资料来源：全运会组委会相关资料。

【点评】

全运会组委会志愿者部精心设计了“志愿者之家”，为每个竞委会都配发了“志愿者之家”的相关物资。全运会期间，“志愿者之家”成为展示志愿者风采的主要阵地。

3. 选拔乐于奉献的志愿者骨干作为团队带头人

团队带头人作为团队核心，其基本素质和团队建设能力决定着团队建设的成败。目前，培养和选拔骨干志愿者已成为大型活动的惯例。其中，志愿者团队带头人的选拔尤为重要，必须从其志愿服务理念、组织管理能力、人际交往能力以及创新精神等多个层面进行选拔，并且要对其进行有针对性、有计划的培训和考核。团队带头人不仅要能随时关注团队成员的志愿服务状况，及时发现问题并妥善处理问题，更要发挥上传下达的纽带作用，做好上下级的信息沟通，积极拓展渠道丰富团队建设的内容等。

4. 创新志愿者团队的激励机制

大型活动运行期间，志愿者团队要注重拓宽适时给予志愿者激励的途径，一般从团队整体和志愿者个体两个层面开展。从团队整体层面来看，可以开展优秀团队评比系列活动，提升团队成员整体荣誉，从而使志愿者更尽职尽责地服务在自己的岗位上；从志愿者个体层面来看，要真正了解每位志愿者的需求，让志愿者能切实感受到团队带来的温暖与关怀。

案　例

志愿者团队建设——上海世博会

世博会志愿服务期间，园区志愿者都是按片区分小组、一岗一人轮值为游客服务的。因此，每个服务站点都是以一个志愿者团队的形式存在的，每个团队都由1～2名的管理岗志愿者担任组长或副组长。每位管理岗志愿者都在先前规定学时的培训和园区实战演练中经受住了多次考验，保证了作为团队核心人物的志愿者的政治素质过硬、园区知识掌握牢固、团队协作能力和组织能力较强，为在志愿者团队中实现榜样激励提供了可能。

资料来源：张晓红，等. 大型活动志愿服务的组织与管理［M］. 北京：中国青年出版社，2014.

【点评】

榜样激励，即为志愿者确立学习目标。朋辈榜样的力量是很强大的，原因在于：一是同一个团队的志愿者天天工作在一起，联系紧密，彼此的优势与不足都很清楚，只要每天服务结束前大家做一个简单交流，稍加评价和总结，自然就能互通有无，取长补短了。二是朋辈间有“趋同”的愿望，在团队中树立起优秀的典型人物，并加强表彰和宣传力度，可以起到榜样激励的作用。榜样以身作则的品质和无私奉献的精神，可以充分强化志愿者们对自身参与的公益事业的信任感，同时激发其自身的学习潜力和服务积极性。

案　例

志愿者团队建设——北京园博会

精神激励包括：(1) 短信激励，如根据志愿者的工作状态，发送鼓励、感谢、天气预报、行车路线等短信；面对所有志愿者，在园博会重大活动或园博会志愿者工作重要节点，发送激励短信和重要通知等。(2) 拓展活动，如通过手势、口号、歌唱、游戏、组织集体生日等方式进行激励；在志愿者每日上岗前组织破冰活动，上岗过程中开展加油打气活动，上岗结束后举行总结会。(3) 活动激励，如面向高校、社会征集《爱如花朵》MV，征集以“小V蜂”为原型的绿色公益卡通片；倡导各个志愿者组织成立《爱如花朵》合唱团；开展“V蜂细雨话园博”“园博岗亭日记”等相关活动，营造园博会志愿氛围，“让绿色志愿走进生活”成为一种青春时尚。(4) 宣传激励，如利用网络、广播、电视、会刊等媒体资源，对典型志愿者进行大力宣传，激励优秀者再接再厉，倡导其他志愿者学习先进，在全社会传递志愿服务的正能量等。

物质激励包括证书、“小V蜂”徽章、园博会微笑圈、“小V蜂”方巾、“小V蜂”臂贴、“小V蜂”玩偶等。

资料来源：王松涛．论大型赛会志愿服务平台机制：以第九届中国（北京）国际园林博览会为例［J］．中国青年研究，2014（2）.

【点评】

北京园博会打造了全方位的志愿者激励机制，建立了以精神激励为主、精神激励和物质激励相结合的激励体系，为志愿者服务保驾护航。

二、志愿者督导机制

虽然志愿服务具有无偿性、自愿性等特点，但这并不意味着志愿服务的质量和效率就无足轻重。相反，随着社会各界对志愿服务质量的要求越来越高，人们对建立和完善志愿者督导机制越发重视，这成为志愿服务领域有待探索的新课题。

（一）概念与工作重点

近些年，志愿者督导逐渐被引入大型活动运行期间的志愿者管理。在上海世博会期间，如何有效地对志愿者的志愿服务进行科学、客观的考评，并促进志愿服务水平的提升是志愿者管理部门一直探索的问题。经过长期的考量与酝酿，最终选择长期开展志愿服务，并有一套相对成熟的志愿者管理、激励机制的“第三方”团队——安利公司志愿者协会为世博会志愿者督导。这一支特殊的志愿者队伍，在世博会期间，“潜伏”在志愿服务站点周围，从专业的视角观察志愿者的行为，并适时提出指导建议，为做好志愿者的激励、考核，确保活动运行期间志愿服务的标准化和规范化提供了参考和借鉴。2011 年的深圳大运会也组建了一支由资深志愿者组成的志愿者服务督导团队。2017 年在天津举行的第十三届全运会的志愿者管理体系中也设立了志愿者督导教师队伍，并选拔志愿者骨干作为督导教师助理。从多次大型活动的成功经验来看，越是对志愿者采取科学、合理的督导管理，就越能够激发他们的积极性和热情，进而提升志愿服务的整体水平。

（二）流程与过程描述

担任志愿者督导需要拥有丰富的志愿服务经验，通过以往的实践活动经验，我们可以看到，社会工作者、资深志愿者等都可能成为志愿服务督导。通过研究得出，完成“制定政策指导志愿者活动，为志愿者提供适当的训练、定期的评估与肯定”是志愿服务督导的主要工作。志愿服务督导研究现在已成为志愿服务领域的重要课题。当前，从国家到国际组织，都在探索如何在大规模的志愿服务中建立督导制度。志愿服务督导需要工作在服务一线，作为第三方，去发现志愿服务中的问题并及时通过恰当的方式对志愿者们出现的问题进行纠正，同时也要能够发现志愿服务中的亮点，考评整体的志愿服务质量和水平。

（三）实操与案例分析

志愿服务督导的设立是为了科学地引导、规范、考评志愿服务，真实、准确地反映实际情况，从而使志愿服务的质量和水平得到充分保障。从已经开展了的志愿服务督导工作的实践来看，我们认为在开展工作中，应该着重注意以下环节：

（1）接受有关知识的培训，是志愿服务督导上岗的基础。培训的内容不限于基本的志愿服务知识，还包括如何运用督导技巧等。督导员应在通过培训并考核合格后持证上岗。

（2）志愿服务督导分为个别督导和团体督导，划分标准为督导和被督导的人数。大型活动通常会使用团体督导，因为大型活动的志愿者往往人数较多，而志愿者服务站点往往设立得较为分散，可以让若干督导员有针对性地开展工作。

（3）志愿服务督导的工作是隐秘的，这是为了在不被志愿者发现身份的情况下，督导员对其服务进行客观评价。

（4）在志愿服务中，志愿者督导应仔细考察志愿者们的一言一行，做出合理、全面、客观的评价，并在遵守原则的前提下，适当、及时、有效地给予志愿者们指导和帮助。

三、志愿者心理支持

（一）概念与工作重点

志愿服务具有非经济利益性，志愿者往往出于社会参与、成就等动机参与志愿服务。在志愿服务中，对志愿者给予心理支持非常重要。尤其是大型活动志愿者往往具有工作压力大、缺乏大型活动志愿服务经验、工作节奏过快等特点，及时舒缓他们紧张、焦虑的负面情绪并适当地对其进行心理疏导十分重要。

（二）实操与案例分析

案　例

志愿者心理支持——上海世博会

在上海世博会期间，由于时间长达 6 个月，再加上工作压力大等原因，志愿者的心理疏导就显得更为重要，人们积极探索多元化的志愿者心理疏导途径。其中，世博会的世博心理小组就是专门为志愿者提供心理咨询和心理疏导的团队。团队里的心理咨询师志愿者根据前来寻求帮助的志愿者实际状况，提供音乐疗法、面询服务、团队训练等心理咨询服务。为了帮助更多的志愿者，这个团队还编写了《世博心理健康手册》来指导志愿者调适心理状况。除此之外，还有“小叮当心理咨询热线”“婉滢心理工作室”等，它们也在为志愿者提供心理疏导服务，采取积极的心理暗示，帮助志愿者摆脱、缓解负面情绪的影响，帮助其尽快投入志愿服务工作。

除了组织机构外，志愿者也积极参与自我减压，志愿者自编的“快乐白菜”律动操应运而生。来自上海海洋大学的“小白菜们”服务的时间恰是中秋、国庆，为此他们开动脑筋，推出了“快乐白菜”律动操来舒缓压力，帮助志愿者通过这种简单、快乐的动作来缓解、释放一天的疲劳和心理压力，调整服务状态，避免“情绪中暑”。上海海洋大学在各个片区设置了片区“心理员”这个特殊岗位，其任务就是及时发现在岗志愿者的负面情绪诸如压力过大、情绪中暑，并采取有效的措施帮助他们缓解、调适，这些片区“心理员”成了名副其实的“志愿者背后的志愿者”。

资料来源：张晓红，等. 大型活动志愿服务的组织与管理［M］. 北京：中国青年出版社，2014.

【点评】

上海世博会志愿者因为服务周期长、工作压力大，产生了一些心理波动，主办方非常重视志愿者的心理疏导工作，建立了专门的志愿者心理工作团队，运用多种方法，为志愿者排忧解难，达到了很好的效果。

如今，网络、手机已经成为人们交流情感、娱乐休闲的沟通平台。参加大型赛会的志愿者不仅可以通过面对面沟通的方式进行交流，同时也将网络的沟通方式不自觉地运用到志愿者团队建设中来。在上海世博会期间，出现了一支由某网络公司发起的多达 6 542 万名网友参与的网络志愿者队伍。网络志愿者不能在世博会现场提供服务，他们以互联网为平台，传递世博宣言，承诺“使用节能灯泡”“向陌生人微笑”“及时拔下手机充电器”“刷牙时关掉水龙头”等公益任务。这场活动吸引了许多明星的加入，在社会上掀起了全民参与网络志愿的热潮。

当然，大型活动运行期间的志愿者管理是个系统的工程，各个环节的工作相互衔接、相辅相成，不可偏颇。

第四节　大型活动志愿服务风险管理

大型活动自身以及志愿服务管理具有复杂性和特殊性，所以即使对每个环节进行了周密统筹与精心部署，仍会在运行期间面临各种各样的风险和突发事件。因此志愿服务项目的风险管理和应急工作就成为大型活动筹划、实施过程中不可或缺的重要环节。志愿服务的风险管理是预先管理，主要开展在风险出现之前，避免对组织方以及志愿者造成各方面的损失和伤害。

一、大型活动志愿服务风险管理机制建设

风险管理是大型活动的必要环节。为使志愿者的风险管理有制度化的依据，大型活动组织方需制定详细、具体的风险管理机制，主要包括风险管理的意义、相关部门的责任分工等内容。

由于对大型活动风险管理尚处于探索阶段，缺乏明确、具体的法律法规规范志愿者风险管理，因此只能从相关的法规、制度条文中寻找依据。2007 年 9 月，北京市通过了《北京市志愿服务促进条例》，明确规定了志

愿服务、志愿组织、志愿者三方的权利、义务，还强调了志愿服务过程中的政府责任和社会责任，为志愿者权益保护提供了法律保障。

二、大型活动志愿服务风险识别与评估

有学者按志愿服务风险的诱因划分类型，将大型活动志愿服务风险概括为自然灾害类、公共卫生类、事故灾害类、志愿者自身言行所引起的冲突等。从历次大型活动的实践经验来看，风险识别是风险管理的首要环节，也是进行管理的基础。在大型活动中，对志愿者可能遭遇的风险进行有效识别，有针对性地选择行之有效的方法进行干预或者处理，才能实现对风险的控制①。

我们对风险评估的定义是以识别参加活动的志愿者的风险为前提的。第一，我们要在活动开始前大致计算出活动中风险发生的概率、风险发生后会产生怎样的后果以及怎样处理发生的风险。第二，我们要对影响活动的因素进行计算，根据加权计算的结果，进行等级的评定。

三、大型活动志愿服务风险控制

活动的举办者要通过各种途径来减少风险的发生以及减少风险对于志愿者造成的伤害。这被我们称作风险控制。

我们可以对志愿者进行培训，使志愿者增强自我保护意识和安全防范意识，并且让志愿者学会一些救人的基本技能。比如，对患者伤口进行简单的处理。保护志愿者的人身安全，降低志愿者在活动中发生风险的概率被我们称作规避风险。例如，北京奥组委通过多种培训方式提升志愿者的风险管理意识和能力，诸如发放给志愿者的《北京奥运会志愿者培训教材》中详细讲解了安全风险防范知识；为首都各个高校的场馆团队进行培训，提高队伍的风险预测和危机处理能力；举办安全风险管理培训班；等等。

我们在招募活动志愿者时，要尽可能招募有相关经历的志愿者。如果有之前没有经验的活动志愿者，要对其进行培训。在招募志愿者和培训志愿者时，不可忽视风险。降低志愿者在活动中发生风险的最好办法是：加强志愿者筛选和培训的力度，尽可能招募所学专业与本岗位所需知识相一致的志愿者。如此一来，志愿者的专业素养便得到了大大的提升，这样就

---

① 杨芳平，等. 大型活动志愿者风险管理研究：以上海世博会园区志愿者为例［J］. 中外企业家，2011，(6) 下.

可以很好地降低志愿者的风险。

有的志愿者在活动中出现畏难情绪，工作上也出现了懈怠情绪甚至有的志愿者当了逃兵。完善团队组织建设、提升活动创新实效可以很好地激发志愿者的服务热情。我们也应及时了解志愿者的反馈意见，减少志愿者的负面情绪。

北京市2007年出台的《北京市志愿服务促进条例》明确规定，志愿者组织应与志愿者签订协议、为志愿者购买保险。志愿者和志愿活动组织者面临的服务风险的不确定性决定了购买保险是解决该风险的最佳手段与途径。分散风险、减少甚至是避免损失是保险的主要功能。保险是化解志愿服务风险的最佳手段。

案　例

服务期间为志愿者购买保险

在2008年北京奥运会筹备期间，北京奥组委为前期志愿者和10万名赛会志愿者提供人身意外伤害保险及意外伤害医疗保险保障。在第29届世界音乐教育大会举办之前，志愿者工作组向社会公开发布了志愿者保险征集讯息，经过反复讨论，从三家最后入选的保险公司中，确定了中国太平洋保险公司为本届大会志愿者保险唯一指定公司。保险为期10天，从大会开幕前两天到大会结束后两天，包含志愿者参会及离京的意外伤害保险。

资料来源：张晓红，等. 大型活动志愿服务的组织与管理［M］. 北京：中国青年出版社，2014.

【点评】

在大型活动志愿服务中，必须为志愿者购买保险，最大限度地保证志愿者相关利益，解除他们的后顾之忧，使他们能安心投入工作，这也是降低志愿服务风险的手段之一。

有些活动规模庞大，所需志愿者数量很多。活动面临的风险需要每一位志愿者及时发现与处理，这就需要志愿者具备专业素养，不能单单靠专业人士去分析和发现风险，也需要志愿者团队学会管理风险。

任何志愿活动都会存在风险，然而风险往往最容易被志愿活动的主办方所忽视。很多管理者在招募志愿者和培训志愿者时，几乎不考虑风险的预测与评估，在活动中发生风险时才追悔莫及。风险管理贯穿一个活动的始终，十分重要。

思考与讨论

1. 大型活动志愿服务管理的重点工作是什么？
2. 大型活动志愿服务保障都包括哪些方面？
3. 如何开展志愿者团队建设？
4. 如何进行大型活动志愿服务风险控制？

第六章 大型活动志愿服务的记录与评价

引　例

悉尼奥组委志愿者激励政策

每个志愿者在一开始就会领到一本“护照”，每次上班时就在上面盖个戳子，这些盖过戳子的“护照”可以参加抽签，奖品有赞助商提供的六日瑞士洛桑游和澳大利亚霍尔顿牌轿车等。

志愿者每个星期都可以得到组委会颁发的感谢纪念章，这些物品可以表明他们的志愿者身份。奥林匹克合作伙伴为奥运会志愿者提供了极大的支持，提高了志愿者的知名度，促进了志愿精神的广泛传播。

把志愿者参与志愿服务的内容、时间等记录下来，既是对志愿者本身的激励，也是对志愿者进行有效管理的重要方式。在志愿服务刚刚出现的20世纪八九十年代，对志愿服务进行记录停留在较为粗放的阶段，只是粗略地手工记录志愿者服务的时间和内容。

近年来，随着信息技术的快速发展，对志愿者服务时间进行详细记录、统计的技术壁垒被突破，志愿服务记录得到广泛的推广和使用，并逐渐成为一种常态。大型活动志愿服务走在了志愿服务记录与评价的前列，在近年来的众多大型活动中，包括北京奥运会、上海世博会、广州亚运会以及北京园博会等，都对志愿者的服务内容、时间进行了较为系统的记录、认证和评价，进一步推动了志愿服务记录与评价的发展和普及。本章我们将对大型活动志愿服务的记录与评价进行探讨和总结。

第一节　大型活动志愿服务的记录

志愿服务经历的记录，不仅是志愿服务发展的内在需要，也开始成为评价个人综合素质和社会实践能力的重要参考，可以有效地激励志愿者、管理志愿者，完善志愿服务的记录、认证工作。

一、记录的意义

志愿服务记录，是指针对参与志愿服务活动的志愿者的个人信息、培训信息、志愿服务内容、志愿服务时间、表彰奖励信息等内容，以记录的方式反映志愿者参加志愿服务活动的基本表现，为志愿者管理提供参考。同时，为志愿者星级认定和表彰奖励，以及享受上学、招工等优惠政策提供依据。民政部于2012年出台了《志愿服务记录办法》，该办法提出在全国统一启动志愿服务记录制度的试点工作，并具体提出了记录的主体、记录的格式及记录的内容，志愿服务记录工作开始有了明确的进展。该记录将志愿服务记录定义为“依法成立的志愿者组织、公益慈善类组织和社会服务机构以纸质材料和电子数据等载体记录志愿者参加志愿服务的信息”。之后，中央文明办、民政部、教育部、共青团中央四部联合签署下发《关于规范志愿服务记录证明工作的指导意见》，该意见对志愿服务记录工作的规范化、科学性和可行性具有指导意义。在志愿服务活动结束后，由志愿服务组织或机构根据统一的内容、格式和记录方式，对志愿者的服务进行及时、完整、准确记录，为后续表彰激励提供充实依据。并且要实行服务记录的异地转移和接续，使志愿者的服务记录随时有效，不因居住地的变动而失效，把志愿者的积极性保护好、发挥好。这是现阶段，我国对建立志愿服务记录制度的明确要求①。

大型活动志愿服务的特点是参与人数众多、管理协调难度大，要想提高管理的效率，就必须借助科学的管理工作手段。因此，记录志愿者参与大型活动的过程，是对志愿者进行有效管理的重要手段之一。通过建立志愿服务记录制度，将志愿者参与志愿服务的内容、时间、地点、服务表现和质量等进行详细、准确、及时、规范的记录，对志愿服务记

① 张晓红，等. 大型活动志愿服务的组织与管理［M］. 北京：中国青年出版社，2014.

录结果进行长久保存、权威证明与回馈激励，从而实现对大型活动志愿者的科学管理。有效的管理能够确保志愿者按照整个大型活动运行要求和人力资源需求，有条不紊地为大型活动做好服务工作。同时，志愿者是开展志愿服务的主体，明确地记录、计量志愿服务的内容和时间，不仅是对志愿者的一种激励，也能客观反映志愿者为大型活动做出的重大贡献，激发志愿者参与大型活动、服务社会的荣誉感和使命感，更好地实现志愿者助人为乐的崇高价值，激励志愿者持续地参与志愿服务工作。

对于参加活动的志愿者来说，大型活动的志愿服务记录可以成为志愿者获得招考、招聘等方面政策优惠的重要依据。志愿服务证明在企业招聘和国外学校招生时往往可以起到关键作用。大型活动志愿服务记录与整个社会的志愿服务记录制度，是社会诚信体系的一部分，志愿服务活动能够不断增强志愿者的获得感与幸福感，有利于倡导爱国、敬业、诚信、友善的价值理念，弘扬“奉献、友爱、互助、进步”的志愿精神，还可以营造珍爱、珍惜、珍视个人信用记录的社会氛围，促进诚信社会建设。

二、记录的途径

实现资源共享是现代社会科技进步的必然结果，大型活动志愿服务记录一般采取信息技术的手段，通过大数据建立志愿者的数据库，记录志愿者的服务内容、服务时间和服务质量等信息。不管志愿者是否因工作变动而导致变迁，都可以申请查到自己的相关志愿服务信息，实现志愿服务记录的信息化，进一步增强志愿者的获得感与幸福感。对于大型活动志愿服务而言，记录的主体是大型活动的主办方，记录的对象是志愿者，记录志愿者经历的重要管理工具则是大型活动志愿服务的信息管理系统。

以北京举行的中国（北京）国际服务贸易交易会为例，此项大型活动在每年 5 月中下旬举办。2014 年，此项活动志愿服务由国际关系学院社会实践与志愿者工作部承办，志愿服务组织方在“志愿北京”信息管理平台发布大型活动志愿服务项目需求及岗位报名入口，志愿者在该平台登记注册后即可填报报名信息。如果一名志愿者报名参加了媒体推介部岗位，并且完成了相应时间的服务，国际关系学院社会实践与志愿者工作部便对其参与这项活动的志愿服务经历予以记录。

三、记录的难点

志愿服务记录制度正逐渐从理论型转化为实践型，大力探索志愿服务记录制度有助于我们实现志愿服务的科学化、规范化管理。但志愿服务记录仍处于初级阶段。如何科学、客观、公正地记录，以及记录结果如何使用等难点仍是目前志愿者组织需要继续探索的问题。

第一，记录工作专业化程度不足。志愿服务提供者流动性强、缺乏服务持续性，是志愿服务记录工作难以进行的客观原因。各种志愿服务组织机构的志愿活动都以事件记录为主，志愿服务记录工作没有作为专业化职能固定到岗位和人员，从而影响了志愿活动记录的全面性。而且不同的记录主体之间未能形成有效衔接，影响到记录的统一性。广东青年职业学院教授谭建光指出，当前志愿服务记录制度存在三个“不衔接”：一是部门之间“不衔接”，各部门分别建立志愿服务记录系统，各行其是、相互分离，导致资源分割与资源浪费的现象并存。二是地区之间“不衔接”。例如，北京与天津都有各自的志愿服务记录系统，但是彼此无法共享记录。三是社团之间“不衔接”。不少社会团体、组织、服务机构之间的志愿服务记录系统不能连接与共享，造成志愿者资源的重复设置等。

第二，志愿服务标准化记录方式不统一。虽然政府制定了标准化的志愿服务记录办法，但是还没有形成制度化，而且在落实方面也有所欠缺。例如，“内蒙古志愿云”志愿服务信息系统开通时间较短，许多社会志愿者尚不知晓，志愿服务的科学化、信息化记录方式仍然需要进一步推广。有人提出，对志愿服务时间的记录要考虑到不同内容、不同类别志愿服务所需付出精力的差异。经调查，一些人认为，尽管志愿服务形式千差万别，但志愿者付出的劳动没有贵贱之分，应按实际服务时间记录；还有一部分人认为，抢险救灾以及劳动强度大、专业性强的志愿服务不同于其他的一般性服务，同等时间内志愿者的付出有差别，该类服务应按一般服务的一定倍数来记录时间。因此，关于如何将服务进行记录并折算成时间的问题，还存在诸多争议。例如，高铁站的志愿服务主要是针对来往的旅客，为他们提供服务，帮助旅客找路，拎行李，如有旅客遇到突发情况及时送往医院就诊等。他们的服务时长都是按照小时来计算，一天工作几小时就按照几小时进行记录，几乎未考虑志愿服务时间怎样更细致折算的问题。

第三，缺乏配套制度，志愿服务缺乏有效的激励机制，无法体现志愿服务记录激发社会正能量的作用。志愿服务记录制度是建设诚信社会、促进志愿服务活动发展的重要组成部分，志愿服务记录制度需要相关配套制度的支持。志愿服务的真实、有效记录应成为诚信社会褒奖制度的基础，没有合理的激励机制与之相配套，志愿服务记录将流于形式，不能成为激发更多志愿行为的助推器，容易出现志愿服务者“新的难坚持，老的常流失”的不良局面①。

第二节　大型活动志愿服务的评估

对大型活动志愿服务进行项目评估是十分重要的，既可以总结服务经验和亮点，也可以持续推动大型活动志愿服务常态化、规范化发展。通过制定科学的督导评估体系，引入专业第三方机构，发挥督导与评估机制的价值导向等举措，可以充分调动广大志愿者投身于志愿服务活动，提升志愿服务项目的科学化水平。

一、评估的释义

广义的评估是指评估主体对评估客体的价值大小或高低的评价、判断、预测，是人们认识、把握某些事物或某些活动的价值的行动。价值是指客体满足主体需要的程度。而狭义的评估则是指在一定的时限内，尽可能系统地有目的地对实施过程中或已经完成的志愿服务项目的设计、实施和结果的相关性、效果、效率、影响与持续性进行判定和评价②。

“三 E”理论和“三 D”理论是在国际上比较有影响的志愿项目评估框架，在大量调研和学习国外评估理论的基础上，清华大学 NGO 研究所提出了适合中国国情的宏观的“APC 评估”理论、微观的“综合绩效评估”框架。

“三 E”，指经济（economy）、效率（efficiency）、效果（effectiveness），主要是对项目的成本、产出和是否达到目标等进行评估，这是目前国际上比较流行的评估理论。“三 D”，指诊断（diagnosis）、设计（de-

① 王春艳．社会诚信体系建设背景下志愿服务记录制度创新研究［J］．内蒙古师范大学学报（哲学社会科学版），2017，46（6）：84-87.

② 张晓红，等．大型活动志愿服务的组织与管理［M］．北京：中国青年出版社，2014.

sign）与发展（development），强调在项目实施过程中的管理和监控，以及外界环境变化对项目的影响，因此比较适用于中期评估。

清华大学 NGO 研究所提出的宏观的“APC 评估”理论，是针对中国志愿组织实施的志愿项目公信度不高、创新度不够、绩效不理想等问题提出的，对志愿项目的问责性（accountability）、项目的绩效（performance）和实施项目的组织能力（capacity）三个方面进行评估，以树立我国志愿服务项目的良好形象。微观的“综合绩效评估”框架则是对“APC 评估”理论的深化，具体针对“P”即项目绩效的评估，主要对项目的适当性、效率、效果、满意度、社会影响和可持续性进行评估。

二、评估的流程

（一）概念与工作重点

大型活动志愿服务评估一般是在活动后期请外部专家进行评估，大型活动志愿服务的特点是涉及面广、环节多，外部专家对大型活动志愿服务的运行、效率等进行专业化的评估，有利于总结提炼大型活动志愿服务的成败得失，形成客观公正的评估结果。

（二）流程与过程描述

通常，大型活动志愿服务的评估包含以下五个步骤：

第一，确定志愿服务项目评估的目标。主要弄清楚三个问题：谁想评估、评估的目的以及他们打算如何运用评估的结果。一是根据评估的目标，抓住评估的关键和重点；二是根据评估经费和人力确定评估重点；三是考虑不同利益群体的信息掌握情况。

案　例

广州亚运会邀请奥运专家对项目进行评估

2010 年第 16 届亚运会在广州举行，按照联合国开发计划署、联合国志愿人员组织与北京市志愿者联合会签署的“2008 北京奥运会促进中国志愿服务发展项目”宗旨，应广州亚组委志愿者部的邀请，项目方派遣奥运专家前往广州观摩和指导亚运会志愿服务，并对亚运会志愿服务项目进行评估。

这个评估项目的主体是多个机构，既有国际组织，又有国内组织。共青团北京市委、北京市志愿者联合会、联合国志愿人员组织项目办最终选派以北京奥组委高级专家及培训处处长、北京体育大学博士生导师孙葆丽，北京市志愿者联合会特聘顾问、奥运成果转化专家、中国农业大学副教授张晓红，北京市志愿者联合会主任助理、北京奥运会羽毛球馆志愿者经理任炜，北京市志愿者联合会研究部部长王哲为成员的北京奥运会志愿服务专家团赴广州亚运会现场对亚运会志愿者工作进行现场观摩并开展相关调研。

在调研过程中，专家团考察了亚运会期间城市志愿者和赛会志愿者工作，走访了亚组委志愿者部和共青团广州市委有代表性的非竞赛区域和竞赛场馆，参加了亚运会志愿者部的新闻发布会和亚运会志愿者昵称征集研讨会等相关活动，对亚运会志愿者工作进行了全面和较为深入的了解。

资料来源：张晓红，等. 大型活动志愿服务的组织与管理［M］. 北京：中国青年出版社，2014.

【点评】

广州亚运会这次评估实际上就是为了更好地利用北京奥运会志愿者工作形成的成果，推进广州亚运会志愿者工作的开展。

第二，负责评估的专家应当确定合适的评估框架、评估方法。常用的方法有文献法、问卷调查法、访谈法和观察法等。同时要完成组建评估小组、制订评估计划、分派评估任务、安排考察日程等工作。

第三，实地调查评估。实地调查评估是评估过程中最重要的部分，决定着评估的成败。评估专家应当本着公正、客观、认真、负责的原则，选取合适的考察对象，尽可能多地掌握真实有效的信息，为后期分析、处理数据，撰写评估报告提供数据参考。

第四，对评估得到的数据进行处理和分析，对评估信息进行讨论分析，形成初步的结论和建议，撰写评估报告，交流评估结果并制订后续计划。例如，北京奥运会志愿服务专家团经过对广州亚运会志愿者项目的详细考察，得出广州亚运会志愿者项目评估结果，评估团队认为广州亚运会志愿者工作是非常出色的，在亚运会和广东地方特点结合等方面进行了较为成功的创新。例如：（1）在招募和选拔志愿者方面，广州亚组委开通了官方网站志愿者报名系统、志愿者招募咨询热线，设置了报名网点，多渠道吸纳以广州地区高校学生为代表的志愿者，同时广泛吸纳全国各地各民族群众、海外华人华侨和国际友人等各界人士。（2）在宣传与推广方面，征集确定了亚运会志愿者“一起来，更精彩”的口号，发布了亚运会志愿者标识和亚运会志愿者歌曲。同时，创新性地开展了符合大型体育比赛的群众性活动。(3) 在志愿者培训方面，利用培训示范基地和招募培训基地的平台，组建高校志愿讲师团队伍，对志愿者进行通用培训、专业培训、场馆培训和岗位培训，让他们以良好的服务技能和服务水平，服务八方来客，展现文明风采。(4) 在管理和服务方面，建立了专门的亚运会志愿者服务与管理体系，充分保障志愿者的权利，为志愿者提供较为完善的工作保障，充分激励志愿者，创新性地推出了“亚运志愿时”激励管理信息系统。(5) 为志愿者提供呼叫支援中心和短信平台等人文关怀。在志愿文化营造方面，将赛会志愿者的“徽章文化”“飞信文化”“微博文化”与城市志愿者的“西关小屋”温馨文化、“绿羊羊”青春文化、“红木棉”关爱文化等有机结合，既展示了志愿者的热情自豪形象，也在亚运会期间塑造了广州和谐友爱之城的良好形象①。

第五，对评估结果进行抽查。由督导小组对其进行检查、抽查。检查应分为例行检查和突击检查。除此之外，评估小组应与被评估方进行意见交流与沟通。在此基础上，将评估结果告知被评估方，接受其申诉。

(三) 实操与案例分析

第十二届全运会于 2013 年 8 月 31 日至 2013 年 9 月 12 日在辽宁省沈阳市举行，历时 13 天。共青团辽宁省委承担了志愿者组织工作，14 个赛区招募 11 668 名赛会志愿者、16 000 名城市志愿者、200 万名社会志愿者，提供各类服务逾 4 000 余万小时。受联合国志愿人员组织、北京志愿服务发展研究会的委托，北京奥组委高级专家及培训处处长、北京体育大学博士生导师孙葆丽，北京志愿服务发展研究会副会长、奥运成果转化专家、中国农业大学教授张晓红，北京市志愿者联合会大型赛会项目专家、北京奥运会羽毛球馆志愿者经理任炜等三名联合国志愿人员组织的北京奥运会、残奥会志愿者工作专家组成评估组。评估小组对全运会志愿者工作进行了专项评估。

在志愿者人力资源规划方面，十二运组委会的做法是：在全面调研志愿服务岗位需求基础上，以场馆（项目）为单位绘制细化到岗位、到志愿者个体的志愿者人员点计划，实现全部赛会志愿者职责固化、人员固化的精细化管理，从而有效地在科学合理的排班基础上减少志愿者人员计划总

---

① 张晓红，等. 大型活动志愿服务的组织与管理 [M]. 北京：中国青年出版社，2014.

量。评估组认为这种“尽量重复使用”的原则，在保证志愿服务岗位的必要需求的同时，有效地避免了人力资源的浪费。

在招募和选拔方面，十二运组委会学习借鉴北京奥运会、广州亚运会等大型国际比赛和往届全运会等大型综合体育赛事形成的惯例和成功经验，通过网站、媒体公示与组织化动员等多种方式开展招募，广泛吸纳各级各类人员参与十二运志愿服务，形成以大学生为主、其他群体代表为辅的赛会志愿者队伍。在选拔和录用环节上严格按照事先设定的规范化程序进行，做到了公开、公正和公平，同时确保了安全性。

在管理运行方面，(1) 在城市志愿者管理方面：十二运的各赛区将比赛场馆周边、交通枢纽等城市重点部位与就近高校、单位对接，实施了网格化、融入式城市志愿服务模式，以“组委会、赛区、高校、服务站”四级管理体系，动员 16 000 名城市志愿者，建立 600 个城市志愿者服务站（“V 站”），开展秩序引导、便民服务、信息咨询、应急救助、文明传递等五类服务。(2) 在赛会志愿者管理方面：建立“每日两会”制度、组建心理咨询师队伍、建设场馆标准化“志愿者之家”等 27 条志愿者工作管理的具体措施，围绕仪容仪表、行为举止、礼貌用语、纪律要求等四方面制定 25 条志愿服务行为规范，保障了赛会志愿服务优质高效、规范到位，基本实现了“零事故、零投诉”目标。

在志愿者培训工作方面，在借鉴北京奥运会、广州亚运会、深圳世界大学生运动会等大型赛事志愿者培训的经验基础上，制订实施了“TLC 三位一体”[培训（train）+实地观摩（learn）+实习演练（check）] 的赛会志愿者培养计划，同时以视频会议的形式，对城市志愿者进行了统一培训，并利用赛前的节假日在机场、车站等公共场所组织城市志愿者上岗演练。十二届全运会志愿者培训聘请了志愿者培训专家，通过视频方式展开全员培训，大大节约了培训经费，为后续的其他大型活动志愿者培训积累了有益的经验。严格、规范的十二届全运会志愿者培训工作，为这届全运会的成功举办做出了贡献。

在志愿者激励保障工作方面，十二运志愿者人身意外伤害保险覆盖率达到 100%。各场馆（项目）建立了固定的“志愿者之家”，满足志愿者工作部署、岗位轮休等方面的需求；在“志愿者之家”设立志愿者心愿墙、志愿者风采录，评比志愿服务每日之星等，激励志愿者、增强志愿者的归属感。通过建立志愿者微博私密群、微信群、短信群，实现志愿者自我激励。

第三节　大型活动志愿服务的激励

一、激励的释义

“激励”一词译自英语“motivation”，它原本是心理学的概念，表示某种动机所产生的原因，即发生某种行为的动机是如何产生的，人朝着所期望的目标前进的心理活动过程是怎样进行的。这一含义包含以下三个方面意思：激励客体的行为是由什么激发并赋予活力的；是什么因素把人们已被激活的行为引到一定方向的；这些行为的幅度是如何控制的，行为是如何持续的。

从组织行为学的角度分析，客体的行为是由需求激发的，需要的本质应是一种心理状态，是个体在某种重要而有用或必不可少的事物偏缺、丧失或被剥夺时内心的一种主观感受。而把人们的行为引到一定方向并使行为持续的则是动机。动机是一种激发、维持人们的某种行为，并将行为导向某一目标的内在心理活动过程。从本质上来讲，动机是一种内驱力。“需要”是动机的出发点，而动机又是引发行为的原因。从产生需要，到朝着既定的目标行动，再到实现目标满足需要，并将这一情况反馈到下一过程的需要，这就是一个激励的过程。通俗地说，激励就是创造满足个人需要的各种条件，激发其动机，使之产生实现组织目标的特定行为的过程。也就是人们常说的调动人的积极性。

由此可以得出，志愿者激励就是志愿组织管理者通过各种方式满足不同志愿者的不同个体需要，调动志愿者积极性，实现活动组织方目标的过程。

二、激励的原则

激励被认为是最伟大的管理原理。正确地运用激励方法，对于个体能够激发动机，对于群体可以鼓舞士气，对于组织可以塑造文化、达到目标。要想熟练地驾驭各种激励方法，达到以上目的，大型活动的组织方在运用各种激励方法时必须遵循以下原则：

（一）因人而异原则

志愿行为是由动机激发并维持的，而志愿者参与志愿活动的动机各不相同，因此就有可能出现某种激励方式对某个志愿者有效却对另一个志愿者无效的情况，所以激励方式也要因人而异、量身定做，只有这样才能达到激励的目的。

（二）持续原则

大型活动一般会持续一段时间，而志愿者的工作热情可能会因为每天单调、重复的工作而减弱，也可能会因为工作中遇到了一些困难和挫折而挫伤其工作积极性。因此组织要有持续的激励行为。比如，每天都要保持感激的心对志愿者做出情感上的关怀，从心理上、生活上关心志愿者，仔细做一些话暖、情真、心诚的工作，加强彼此间的沟通和交流，从而使志愿者始终保持高度的工作热情，为大型活动的顺利举行提供保障。

（三）适时原则

激励要尽量贴近行为的出现时间，要注意讲求实效、及时强化，只有这样才能使好的行为得以保持和重复出现，使志愿者获得更大的工作动力。志愿活动的组织方可以在组织内部设立一个志愿服务告示板，及时对有突出表现的志愿者进行感谢和表扬，让大家随时关注告示，并以优秀志愿者为榜样。

（四）针对原则

针对志愿者的某种行为、某一成就给予肯定和奖励，会使这种行为得以保持和增强。斯金纳的强化理论指出，当人们采取某种理想行为而受到奖励时，他们最有可能重复这种行为。当这种奖励紧跟在理想行为之后，奖励最有效。因此，当志愿者完成了一件很不错的任务时，我们应该说，“你完成了一件很出色的任务”，而不是“这是一件很出色的任务”。

（五）公正原则

公平公正地嘉奖所有志愿者。有效运用反思评估的手段，可以使志愿者更清楚自己的贡献。一定要秉持公正之心，不偏不倚，让志愿者充分感受到激励标准的一视同仁。

三、激励机制的建立

（一）概念与工作重点

对志愿者进行激励是大型活动志愿服务组织方的一项重要工作。因为志愿者的来源背景各不相同，激励的关键是构建起一个合理、有效、全方面、多层次、持续化的激励体系，只有这样才能使志愿者的各种需求得到全面的满足，为志愿者积极参与志愿活动提供源源不断的动力。总之，完善的激励机制对于激发志愿者的主观能动性、创造性都有着至关重要的作用①。根据激励的来源及满足被激励者需求层次的不同，可将激励分为外部激励和内部激励。

外部激励是来自非志愿者的激励，由政府、社会、组织机构等外部机构提供，既包括物质激励又包括精神激励。内部激励主要来自志愿者自身，如实现自我的精神价值，提高自身技能，丰富阅历，扩大交际圈，认识更多有相同志向的人，等等。

（二）流程与过程描述

1. 外部激励——认可和尊重志愿者付出形式多样化的外部激励，满足了志愿者被认可、被尊重的需要，为志愿服务事业的发展提供了强大的外部动力

（1）荣誉型激励。

这种激励是一种比较普遍且有效的激励方式。荣誉是满足人们的自尊需要、激励人们奋发进取的重要手段，大的有全国性激励，小的有社区激励。

最基础的荣誉是志愿服务组织方授予的荣誉，即根据志愿者参与志愿服务的情况授予荣誉。

稍大一些的荣誉是大型活动主办方授予的荣誉。如北京奥运会、上海世博会等对优秀志愿者个人或集体进行的表彰激励。

最高层级的表彰来自国家。大型活动的参与人员广泛，比如北京奥运会、残奥会，参与该项志愿服务工作的除了高校志愿者组织、企业志愿者组织等，还有来自省区市的党政机关成员。奥运会结束后，中共中央、国务院等会在全国范围内进行表彰激励。

不同层级荣誉激励的重点有所不同。政府授予的奖励，会在社会上广泛宣传，志愿者会享受到相应的待遇；相关政府部门授予的奖励，会在系统内部广为传播，提高志愿者的公众影响力；志愿服务组织方授予的荣誉，会让获奖的志愿者在组织中得到尊重、感到自豪。无论哪个层次的表彰、奖励都满足了志愿者获得社会尊重和认可的需求，使志愿者感到服务的价值、产生服务的自豪感，激发了志愿者的工作积极性。例如，新加坡政府在推动志愿服务方面就做得很好，在每年的国庆日，政府会根据志愿者服务时间、绩效的不同，授予其不同等级的勋章，最高级别的可以得到

① 史媛．社区教育志愿者激励现状与对策研究［J］．教育教学论坛，2017（26）：41-42.

由总统亲自颁发的公共服务勋章。新加坡公民十分珍视这种荣誉，它成为志愿者社会地位的象征和个人价值得到社会承认与尊重的重要标志。

（2）回馈型激励。

尽管大多数志愿者在参与大型活动志愿服务的时候，没有考虑什么回报，但是，必须动员政府机关、企事业单位、高等院校、社会团体、行业协会、赞助商等力量对参加志愿服务的志愿者给予各种各样的支持、鼓励，使他们的尊重需求、自我实现需求得到满足，从而使之对志愿服务事业更加认可、更加支持。经过北京奥运会、上海世博会、广州亚运会等一系列大型活动的开展，整个社会都在建立志愿者服务的回报反馈机制，取得了良好的成效。回馈激励机制的形式是多种多样的，目前主要有以下几种：

第一，完成志愿服务的志愿者，在参观政府主办的公园、景区景点、博物馆、展览馆时可以享受一定的优惠待遇①。

第二，涉及招收公务员、招工、升学、学分考核、职称评定等事项，有关单位对符合条件的志愿者在同等条件下应优先录用、录取。例如，广州亚组委出台了《广州亚运会、亚残运会赛会志愿者保障和激励的通用政策》《广州亚运会、亚残运会注册城市志愿者保障和激励的通用政策》，规定大学生志愿者可奖励学分，优先入党。

第三，向志愿者发放大型活动或大型活动志愿服务纪念品等对志愿者进行物质激励。例如，上海徐汇区无偿献血志愿者活动自 2018 年 4 月开展以来，得到了广大无偿献血者的支持。为了给志愿者纪念品留念，在上海徐汇区的献血站点进行无偿献血，可以根据个人累计鲜血量进行纪念品兑换。

（3）政策激励。

政策激励主要指政府、企事业单位制定各种法规、政策解除志愿者的后顾之忧以及明确社会各单位的责任和义务等。上海世博会期间，很多单位明确表示服从世博大局，只要世博服务有需要，对员工一律无条件放行。而对于一些在校学生来说，各合作高校将为志愿者提供课程调整等便利，并组织精干教师队伍，利用假期等业余时间为参加志愿服务的学生补课。这些人性化政策的出台，解除了志愿者的后顾之忧，有利于调动志愿者的工作积极性，有助于促进志愿服务事业的发展。

---

① 李凤．大型体育赛事专业志愿者组织与管理的构建研究［D］．兰州：西北师范大学，2012．

（4）培训激励。

在大型志愿者活动中，培训是主要的环节，也是必不可少的环节，志愿者在参加培训时既可以免费学习许多方面的专业知识，又可以获得自我发展的机会。在知识经济的时代，培训对吸引、培养、发展壮大志愿者队伍尤为必要。培训也可以成为一种淘汰机制，确保签约的志愿者能很好地履行义务。培训能帮助新来的志愿者更快地熟悉人群和将要参与的项目及具体事务，以便更有效地开展工作。很多志愿者把培训看成其参加志愿组织的福利，通过培训，他们能学到很多对今后生活、就业有帮助的技能①。

案　例

美国志愿者教师岗中培训

2017 年 10 月 21 日，由全球示范孔院肯塔基大学孔子学院举办的 2017 美国志愿者教师岗中培训成功召开，全美业界汉语教育专家与来自全美 24 个州共 144 位志愿者教师齐聚肯大孔院，开始为期两天的岗中培训。10 月 22 日下午 4 点，2017 美国志愿者教师岗中培训完美谢幕。

资料来源：http://www.sohu.com/a/203618950_826665.

【点评】

此次岗中培训规格高、干货多、收获大、服务好，为期两天的培训让志愿者教师耳目一新，眼睛一亮，为之一振，极大地促进了他们的职业成长，打开了他们汉语教学的新思路。

（5）组织文化激励。

组织文化是组织在长期的生存和发展中所形成的为组织所特有的，且为组织多数成员共同遵循的最高目标、价值标准、基本信念和行为规范等的总和及其在组织中的反映。志愿服务的组织文化是指志愿者群体、团队所形成的特殊文化，它不仅让志愿者有归属感、认同感，还能激励志愿者持续参与志愿服务。

---

① 史媛. 社区教育志愿者激励现状与对策研究［J］. 教育教学论坛，2017（26）：41-42.

案 例

世园集团设置志愿者服务部

世园集团下设志愿者服务部，负责志愿者的管理工作。13 000 位志愿者通过志愿者服务部的分配，被分为 13 批共 26 支队伍，分批入园服务。每一批志愿者还被细分为 A-E 五个大组，大组下设有小组。每一位志愿者划分到小组，由小组长管理，分别负责不同的服务工作。另外，志愿者中还有专门负责宣传的“小记者”，他们专门负责每天通信稿的撰写；负责文娱活动的活动组，在工作之余为游客、工作人员以及志愿者提供娱乐表演；负责联络的机动组，主要是联络各个小组。志愿者服务部还制定了专门的志愿者行为规范，用来规范志愿者的言行。

资料来源：http://www.doc88.com/p－9093100354809.html.

【点评】

组织文化一旦形成就会对成员产生巨大的凝聚力和号召力，对成员的思想和行为产生强大影响和制约作用。因此，营造良好的组织氛围、建设组织文化，是志愿者激励机制中不可或缺的部分。

俗话说，无规矩不成方圆。志愿者组织的领导体制、组织结构和组织管理制度，以及在组织经营、教育宣传、人际关系活动、文娱体育活动中产生的文化现象，都是组织成员所遵循的行为规范，它约束着志愿者的行为，维持着志愿服务的正常运转，调节着志愿者与志愿者、志愿者与工作人员以及志愿者与游客的人际关系，是组织文化在制度上规范化的体现。

（6）情感激励。

一个人平常表现的工作能力水平与经过激励可能达到的工作能力水平存在着 50%左右的差异。可见人们的内在潜能何等之大！这就要求管理者既要抓好各种规范化、制度化的“刚性管理”，又要注意各种随机性因素，注重感情的投入和交流，注重人际互动关系，充分发挥“情感激励”的作用。而情感激励不应该只是一句口号，更应该是一种行动。在组织大型活动志愿服务的过程中，志愿者工作组织方应该从生活、工作、心理等方面关心志愿者，开展形式多样的情感型激励，比如志愿者上岗前，领导要对其进行慰问，组织方要给志愿者提供干净舒适的休息环境和可口的零食等。

案 例

世界武搏运动会志愿者激励

2010年北京首届世界武搏运动会期间，北京市各级领导以及北京志愿者指导中心的相关领导多次前往“志愿者之家”进行指导慰问，给予志愿者工作极高的评价，“志愿者之家”成为志愿者激励的阵地，温馨中燃烧着斗志，这些对于志愿者来说可能是最好的奖励。此外，共青团中央、共青团北京市委领导也多次赴志愿者的服务岗位和对接高校进行慰问，为志愿者佩戴“累不倒”“问不倒”等激励奖章，这大大鼓舞了志愿者的气势。

资料来源：张晓红，等. 大型活动志愿服务的组织与管理［M］. 北京：中国青年出版社，2014.

【点评】

慰问使广大武搏运动会志愿者充分感受到了党和人民对他们的关心和支持，增强了其服务的荣誉感与使命感，志愿者的服务热情被充分激发，得以以更加饱满的精神状态和更加踏实的工作态度投身志愿服务工作。

（7）宣传激励。

品牌是社会公益事业的生命线，品牌的社会影响越大，志愿事业的边际效应越大。在品牌无处不在的今天，通过新闻媒体的宣传，树立志愿服务的品牌形象，使之产生持久的品牌影响力，是吸引、保留志愿者的有效方法。一方面是大众媒体如报纸、电视、广播、网络等进行的宣传激励。另一方面是志愿者的自我宣传。这主要指志愿者群体统一的着装、时尚的志愿者装备（如“微笑圈”“志愿彩”等）。通过群体识别效应形成激励，可以将社会认同带给志愿者，并转化为志愿者的自我认可。例如广州亚运会城市志愿者、赛会志愿者制服十分鲜艳醒目，让你看一眼便知他是志愿者。赛会志愿者服装以绿色和白色为主色调，给人洁净、清新的感觉；而城市文明志愿者的服装则与赛会志愿者一脉相承，色调统一但颜色略有调整。除了统一的服装外，还有统一的志愿者标志、口号、志愿礼、志愿彩等统一的身份标示象征。此外，广州亚组委还积极推进亚运会志愿者歌曲制作、发布、传唱工作，开通广州原创动漫人物亚运会志愿服务队专题网站，成立亚运志愿电影放映队，设计、制作亚运志愿者主题雕塑，推进《非常志愿者》大型电视剧拍摄，及时做好亚运志愿者的宣传工作①。

总之，新闻媒体的宣传使志愿者从背后默默无闻的工作人员变为家喻户晓的“明星”，得到了社会的尊重和认可。使志愿者找到了归属感，建立了共同的价值观，增强了团体凝聚力和向心力。

2. 内部激励——志愿服务事业长足发展的不竭动力和源泉，体现了志愿者的精神风貌

志愿者的自我激励是指其参与服务过程中产生的自我成就感、自我表现提升感和自我满足感。如果善于从自我激励的角度了解参与服务的价值，那么即使社会激励和企业激励有所欠缺，员工志愿者仍然能够保持服务的热情。提升志愿者的自我激励能力对志愿服务的成功至关重要。根据激励的动机不同，志愿者的自我激励包括自我价值型激励、自我成就型激励、自我发展型激励、自我愉悦型激励。

(1) 自我价值型激励。

志愿者在参与志愿服务的过程中会对自己的价值、自己的作用有个重新认识，从而影响自我的评价。

案　例

上海市静安区志愿者工作总站志愿者徐孜祺的故事

志愿者活动把一个成日无所事事、游手好闲的“富二代”蜕变为一个知道劳动的艰辛、知道生活的不容易的人。这样一个令人刮目相看的孩子就是上海市静安区志愿者工作总站的徐孜祺。徐孜祺的妈妈为了改变儿子，与儿子一起报名当世博志愿者，希望儿子通过志愿者的经历学会吃苦，学会付出。徐孜祺刚上岗，就被分配到静安区党校门前路口，为前来报名的志愿者和路人指路。那天天很冷，他站了整整一天。他说：“我帮不少陌生人指路，他们感谢的笑容让我十分满足。这是我第一次通过自己的努力，获得大家的认可。”

资料来源：http://news.whut.edu.cn/article/52800.html.

【点评】

志愿者在志愿服务中重新发现、认识和了解自己，找到了自己的社会价值，调整了人生取向，这是激励他们参加志愿服务的重要原因。

---

① 张晓红，等．大型活动志愿服务的组织与管理．北京：中国青年出版社，2014.

（2）自我成就型激励。

当志愿者通过自己的努力完成了组织交代的任务，会有明显的成就感，这种成就感对他们的激励作用非常明显。因为，志愿工作在于从一点一滴做起，为社会和他人提供具体的帮助。

案　例

上海世博会志愿者李囡

上海世博会志愿者李囡在博文中写道：观众服务的志愿服务岗位，每天面对的是成千上万的观众，向他们问好、帮他们解答问题、劝导不和谐的行为，这就是我们的工作。“您好，欢迎来到北京馆，请您排队等候”“您好，欢迎参观北京馆”“感谢您的参观，盖章请出门左转”“对不起，这里是出口，请您从入口进入”……简单的话语重复了无数次，嗓子嘶哑了却没有时间去拿散乱放着的金嗓子喉宝，盖章盖到胳膊酸痛。一天的工作的确是辛苦的，可当看到游客们解决问题后满意的笑脸，一股暖流会涌进我们的心头；当听到一句谢谢，一颗疲惫的心灵也会得到安慰；当看到感激的眼神投向我们，再脆弱的身躯也会化为不朽……

资料来源：张晓红，等．大型活动志愿服务的组织与管理［M］．北京：中国青年出版社，2014.

【点评】

志愿者热情、真诚付出后，很容易得到他人的肯定，从而产生成就感。

（3）自我发展型激励。

许多志愿者在回忆服务过程时特别强调志愿服务的自我发展意义。这是因为：首先，志愿服务能够提供志愿者在职业岗位之外的交往与实践机会，他们可以通过参与服务，提高交际能力、应对矛盾和解决问题的能力、非正式团体的领袖能力等。其次，参与大型活动志愿服务获得自我发展型激励还表现在个人基本素质提高、精神境界提升方面①。

（4）自我愉悦型激励。

很多志愿服务岗位的工作单调而机械，志愿者很容易因为工作缺乏新意和挑战而丧失工作热情，因此，志愿者只有学会在单调的工作中寻找快

① 张晓红，等．大型活动志愿服务的组织与管理［M］．北京：中国青年出版社，2014.

乐、制造快乐，将志愿服务中遇到的各种因素转化为充实人生、调剂人生的快乐因素才能始终以饱满的精神状态投入志愿服务工作。

案　例

上海世博会志愿者曾晨

上海世博会志愿者曾晨在博文中写道：进馆工作一个星期了，总结了成绩，也许下了愿望。大家仍然斗志昂扬。但是，有些情况也出现了。最近大家身体都有了或多或少或大或小的问题，大家或多或少嗓子有问题，头疼的，小感冒的，都有。有时候看着大家疲倦的眼神挺难受的，但是大家有自己独特的开心方法，让疲惫的感觉和身体的不适被暂时遗忘。笑笑喜欢奖励自己冰激凌，似乎吃甜的能让自己开心起来；周宇呢，每天义务给大家换小礼物，现在省区市馆都被他逛遍了，他也成了省区市馆的大红人；郭叔叔天天喝凉茶，说是得压火；妍西妹妹是换章皇后，换着好章就能开心一整天；婉玲和天天兄弟是逛馆大户，每天下岗了还有精神到处逛馆，精神瞬间激发……每个人都有自己的小诀窍，让自己在工作的同时不忘自娱自乐一把。保持良好的心态也是工作的一部分，大家在一起，都挺开心的！

资料来源：张晓红，等．大型活动志愿服务的组织与管理［M］．北京：中国青年出版社，2014.

【点评】

只有快乐的志愿者才能够长期坚持志愿服务。所以志愿者要在志愿服务中寻找快乐，并善于将负面情绪转化，获得愉悦的体验。

3．树立新的激励理念，延伸激励过程，提供持续动力

传统激励集中于志愿服务的中后期，即服务期间及结束之后，重视成果激励不重视过程激励。然而事实证明，人的动力的大小与激励的深度、广度有密切关系，激励的过程越长、范围越广，效果越持久。因此，科学的激励应该从志愿者招募开始，贯穿培训、服务、总结全过程。随着我国志愿服务的普及和发展，我们对志愿者的激励越来越重视，激励的过程也越来越向前延伸，已经从过去志愿服务活动结束后的总结表彰，扩展到了志愿者上岗前、服务中和结束后的持续激励。如上岗前的动员、培训，给予志愿者精神上的鼓励和技能上的培训，增强志愿者对所从事志愿活动的信心；如服务时的领导看望、慰问，增强志愿者的归属感，给志愿者提供

不断前行的勇气和力量；如结束后的表彰奖励，使志愿者增加对自身价值的认同，提升其成就感和满意度；等等①。

思考与讨论

1. 大型活动志愿服务记录的意义和难点是什么？
2. 大型活动志愿服务激励的原则是什么？
3. 志愿服务外部激励有哪几种方法？

① 张晓红，等. 大型活动志愿服务的组织与管理［M］. 北京：中国青年出版社，2014.

第七章 大型活动志愿服务的成果转化

引例

北京奥运会结束后，在奥林匹克公园中心区建立了志愿者永久纪念设施——志愿者广场和志愿者雕塑，旨在肯定广大的奥运会志愿者为北京奥运会做出的贡献，进一步弘扬了志愿精神，号召和带动了更多的人参与志愿服务，深入推进了志愿服务事业的长远发展，激励志愿者持续坚定地参与构建和谐社会的伟大事业。北京残奥会结束后，北京市结合青年宫的改扩建工作，开辟了关于北京奥运会、残奥会志愿者工作的专门展厅，该展厅存放了北京奥运会、残奥会志愿服务所涉及的各类标识、物品、资料等，常年向青少年、广大市民开放展示，成为北京宣传和推广奥林匹克教育及志愿服务精神、理念的新阵地。

大型活动志愿服务对于举办大型活动的城市的志愿服务整体水平的提高具有推动作用。从北京奥运会、残奥会开始，在大型活动的战略规划和筹备阶段，就将工作成果的转化纳入奥运会、残奥会志愿者项目整体规划之中，这充分体现了政府及奥组委对奥运会契机的重视，要求充分利用北京奥运会、残奥会志愿工作，推动中国志愿服务事业的发展，提升一整代人的素质。

2008 年奥运会之后，推动大型活动志愿服务成果转化逐渐成为通行做法，广州亚运会、上海世博会、北京园博会、济南全运会等大型赛会或博览会都大力推动了志愿者工作的成果转化。成绩非常显著，通过转化大型活动志愿服务成果，这些地区的志愿服务都获得了跨越式的发展，志愿服务的参与率、管理水平大踏步前进。本章将重点讨论大型活动志愿服务的成果转化。

第一节　大型活动志愿服务成果转化的基本内涵

一、大型活动志愿服务成果转化的概念

大型活动志愿服务成果转化，是指对大型志愿活动过程中具有一系列实用价值的成果进行再研究、再开发、再创新、再应用、再推广，从而提升志愿服务水平的活动。整体来讲，志愿服务成果转化主要分为两部分：志愿服务工作物质成果转化与非物质成果转化。物质成果转化是指大型活动志愿服务中形成的相关事物成果的转化，非物质成果转化是指在志愿服务过程中以非物质形态存在的经验、理念等方面的转化。

二、大型活动志愿服务成果转化的意义

大型活动志愿服务成果转化对于提升志愿服务质量、完善志愿服务规范具有十分重要的意义。它有利于在全社会范围内逐步建设志愿文化、持续激励志愿者、让更多的人了解志愿活动并参与进来，促进志愿服务事业的可持续发展，共建和谐社会。具体分为以下几点：

第一，通过对大型活动志愿服务成果的转化，如针对志愿者建立永久的纪念设施与志愿者工作陈列室，能够激发志愿者的荣誉感与自豪感、激发志愿者的服务热情，进一步培育志愿服务情怀。鼓励志愿者在大型活动志愿服务结束后积极参加当地日常的小型志愿服务活动，将志愿服务意识根植于心。

第二，对大型活动志愿服务成果进行转化，有助于向全社会推广志愿服务的精神成果，倡导志愿精神，弘扬志愿服务理念，让全社会对志愿服务与志愿精神形成更加深入、全面的了解，影响和带动更多人参与志愿服务，逐步培育起浓厚的志愿服务氛围与发达的志愿文化，推进和谐社会建设。

第三，对大型活动志愿服务成果进行转化，可以为志愿服务事业的发展提供物质保障、人才支持与智力支持，促进地方志愿服务工作的持续发展。在大型活动志愿服务成果转化过程中，相应志愿服务基金会与专项基金的建立可以为地方志愿服务工作的发展提供良好的物质基础，在一定程

度上满足志愿者组织对资金等方面的需求。通过对大型活动的志愿者管理人员队伍、专业志愿者队伍与普通志愿者队伍信息的保留、筛选与分析，志愿服务人力资源人才库才得以充实，这为后续开展志愿活动提供了人员保障。对大型活动研究成果的总结、梳理以及对志愿者工作专家队伍的档案留存，为今后开展志愿活动提供了理论指导与智力支持。

第四，在对大型活动志愿服务成果进行转化的过程中，通过对大型活动志愿管理工作经验的总结，构建志愿者工作管理网络、完善志愿者服务工作项目体系、增扩志愿服务公益实践项目、建立长效的志愿服务机制，从而实现对志愿者资源的合理优化配比、更好地对志愿者进行组织管理，确保志愿服务活动日常运营的常态化、专业化、服务高水平化。

第五，成果转化工作为今后开展各类志愿活动积累了丰富的经验，给其他地区举办类似活动提供了参考与借鉴，有利于加强国内地区与地区、国家与国家之间的交流。大型活动志愿服务的成果转化为在当地开展的各类志愿活动、其他大型赛会志愿服务工作积累了宝贵的经验。上述的成果转化同样可以为在其他地区举办的大型赛事活动提供经验，加强不同地区间的交流，在交流过程中双方共同进步、互相学习，进一步提升志愿服务水平。

三、大型活动志愿服务成果转化的工作原则和基本目标

大型活动志愿服务成果转化工作是一系列系统的、复杂的工作的集合，明确其工作原则与基本目标是做好此项工作的前提。这样，可以在工作中做到有的放矢，保证大型活动志愿服务成果转化工作的成效。

（一）大型活动志愿服务成果转化的工作原则

大型活动志愿服务成果转化的工作原则主要包括以下几个方面：

一是立足长远，服务大局。大型活动志愿服务成果转化工作应当与大型活动整体进行统筹规划，从立足长远发展的角度提早准备，紧紧围绕经济社会发展的大局，发挥志愿服务事业的价值辐射作用。

二是统一领导，统筹协调。成立专门的负责机构和领导小组全面主持大型活动志愿服务成果转化工作，领导小组成员对成果转化工作进行统一的组织、指挥与协调。

三是突出重点，分类开展。要结合大型活动志愿服务工作的实际情况，认真梳理、归类整合，在全面了解规划的基础上，突出志愿者成果转化的工作重点，分类开展。

四是求真务实，务求实效。成果转化工作要做到理论与实践相结合，

将志愿服务实践作为检验成果转化工作的唯一标准，确保成果转化工作应用到现实生活中，并与实际工作相辅相成，相互促进，协调发展。

（二）大型活动志愿服务成果转化的基本目标

第一，将有形的物质成果转化为长期、永久的志愿服务工作资源或阵地，为志愿服务事业的发展提供有力支撑。

第二，将无形的精神成果转化为推动志愿服务事业发展、服务国家现代化建设的理论基础和强大动力。

第三，将志愿服务相关的各类专家学者、管理人才、专业志愿者、非专业志愿者等人员信息进行留存、筛选，为今后的志愿活动保留生力军。

第四，初步建立适应社会发展需要的志愿服务工作体系和机制，推动志愿服务的规范化、常态化、科学化发展。

第二节　大型活动志愿服务成果转化的内容

一、纪念设施的转化保留

纪念设施的转化保留主要指在赛会场馆周边及其他相关地区建设关于纪念活动志愿者、志愿者工作的设施，从而感谢广大志愿者对活动和城市发展做出的积极贡献，肯定广大志愿者的工作，激励更多的志愿者自发地参与到构建和谐社会、促进志愿服务发展的伟大事业中来。

二、纪念物品的转化保留

大型活动志愿服务中的纪念物品主要是指承载志愿活动、志愿工作意义的实物，例如志愿服务所涉及的各类标识、饰品等，可以通过建立志愿者工作陈列室、纪念馆等形式对这些纪念物品进行保存与推广。志愿者工作陈列室一般建立在活动举办城市当地的博物馆、青年宫等地，开辟专门的展厅存放大型活动志愿者工作的各类物品，并常向广大市民开放展示。通过此方式进行志愿服务精神、理念的宣传和推广。

此外，志愿者饰品作为一种物质成果可以激励志愿者在志愿活动期间发扬“奉献、友爱、互助、进步”的志愿精神，同时也能带动更多人参与到志愿活动中来。一般在大型活动结束后，将活动期间的志愿者饰品保留下来是十分有必要的。应将其转化为永久性饰品，推广到日常志愿服务中，成为当地志愿者的标志之一。

三、志愿服务机构的转化保留

志愿服务机构是大型活动正常运转的一项重要保障。在活动过程中，志愿者机构发挥着重要作用。在活动结束后，这些机构的转化保留也必将推动志愿服务事业的发展。

1. 保留城市志愿者服务站

保留城市志愿者服务站是大型活动物质成果转化的重要组成部分。举办地在大型活动结束后将活动期间志愿者服务站固定下来，并实现常态化运营，使其成为志愿者服务市民、服务社会的阵地。例如，在北京奥运会结束后，大会期间的550个城市志愿者服务站被固定下来，成为志愿者服务市民、服务社会的阵地。同时根据奥运会结束后的实际情况，一些志愿者服务站点进行了相应的整改，如将服务站点转到社区密集区，为广大市民提供便民惠民服务；广州在亚运会结束后将赛会志愿者站点“新生活驿站”（别名“西关小屋”）保留下来，该站点在日常生活中为市民提供交通指引、语言翻译、信息查询、应急救援、旅游购物向导等服务。

2. 建立志愿服务研究和活动开展的相关机构

建立志愿服务研究和活动开展的相关机构是转化志愿服务成果的重要做法，这也需要整合政府、社会等各方面的力量，如建立志愿者学校。志愿者学校在志愿服务基础培训、志愿服务研究、志愿服务教育等方面能够发挥重要作用。例如，张家港市文明办、市志愿者协会始终坚持问题导向，把提升志愿服务专业化水平作为重中之重，积极筹备组建张家港志愿者学院，编印志愿服务培训参考教材，成立志愿服务讲师团并聘请首批成员，于2018年7月正式成立志愿者学院。成立该学院旨在不断提升志愿服务专业化水平，聚焦满足人民美好生活需要，推动志愿服务专业化，丰富志愿服务内涵，不断放大志愿服务品牌效应。

3. 建立志愿服务基金会或专项资金

建立志愿服务基金会或专项资金是大型活动物质成果转化的重要方式之一。在转化过程中，要紧抓志愿者工作契机，倡导和鼓励社会各界积极支持、参与志愿服务事业发展，通过政府直接投资、面向社会筹集资金、公司企业捐助以及拍卖有关捐赠物品等方式，建立志愿服务基金会或专项资金，对基金进行专业管理，为当地志愿者工作的良好发展提供资金保障，实现志愿服务事业的长远发展[①]。例如，为传承世博志愿精神，上海交通大学教育发展基金会与学校团委、学生处共同策划发起设立志愿者活动基金。学校基金会每年会从该基金的收益中划拨专款用于志愿者培训、活动宣讲以及对学生自发的志愿者活动予以资金上的补贴，使得对志愿者活动的支持、资助制度化、常态化、长效化。

4. 转化志愿服务信息管理技术系统

转化大型活动志愿服务物质成果还包括对志愿服务的信息化管理以及对其进行系统的存储与分析。主要做法是将活动的网络信息技术平台转化为当地日常的志愿服务综合信息平台，完善志愿服务人员数据库，努力建设好与当地志愿服务相关的志愿网站。优化、完善志愿者管理、协调、指挥系统，为今后更好地开展志愿服务提供人才资源和保障。例如，志愿服务信息平台是为志愿者和志愿服务组织提供技术支撑的服务载体，为了发挥好志愿服务信息平台的作用，2014 年 12 月，天津市文明办开通了“天津志愿服务网”，该网站是利用移动互联网、大数据、云计算等新媒体技术，集志愿者登记注册、记录时长、发起活动、互动展示等功能为一体，以宣传天津志愿服务为主要内容的综合性网站，为志愿服务提供注册登记、活动发布、供需对接、服务记录、诚信记载等服务。目前，该平台管理系统已无偿提供给 20 多个省区市，实现了大型活动志愿服务成果转化的复制与推广。

5. 建设志愿热线服务台

加强志愿热线服务台建设是转化大型活动志愿服务物质成果的重要做法之一。志愿热线服务台建设是指通过对志愿热线服务台的投入，使其在志愿者维权、信息咨询等方面进一步扩大作用。在互动结束后，活动期间的志愿者热线可以适当地转化为志愿者维权及相关工作的咨询热线，进而保障志愿者的合法权益，促进志愿服务工作的顺利开展。以北京为例，“奥运呼叫中心志愿者咨询热线”在奥运会、残奥会结束后得到保留，并转化为北京志愿者维权及相关工作的咨询热线，为日常志愿服务工作的开展提供力所能及的服务，保障志愿服务事业的持久发展。

四、文化品牌的转化

文化品牌的转化主要是指将蕴含丰富的志愿文化或志愿精神的载体进

① 张晓红，等. 大型活动志愿服务的组织与管理［M］. 北京：中国青年出版社，2014.

行转化保留。通过文化品牌的转化可以更好地传递志愿服务的文化内涵和精神内涵，更多的人会对志愿活动从内心形成认同感，进而带动和感染更多人加入志愿活动的行列，不断积极地了解志愿服务，从而为志愿服务的长远发展提供持久动力。大型活动志愿服务的文化品牌转化形式主要包括以下几种：

1. 志愿者系列标识的转化

志愿者系列标识的继承和沿用是大型活动志愿服务精神成果转化的重要组成部分。在使用过程中，应依实际情况将大型活动志愿者的标志、口号等系列标识与举办城市日后开展的日常志愿者工作有机融合，持续激励全社会和广大志愿者。例如，2011 年深圳大运会期间，“小青葱”“向日葵”“互动哥”等志愿文化元素深得市民喜爱，在揭晓的“大运民间记忆十大关键词”中，“志愿者”“90 后”“绿色出行”“全民参与”四个关键词都得到了社会认可。后大运时期，深圳市进一步将志愿精神内涵进行草根化解读，以广大市民喜闻乐见、爱用常用的方式，开展志愿文化宣传。

2. 志愿者工作图文与影音资料的转化

大型活动的志愿者工作图文、影音资料等是志愿活动留下的美好回忆，同时也是重要的精神成果。通过对图文、影音资料的整理、编撰，形成志愿者工作大事记、宣传材料、音像制品等也是志愿活动成果转化的一种方式。这些转化成果可以用于推动当地志愿服务事业的发展。

案　例

天津全运会组委会开展志愿者工作图文与影音资料转化工作

天津全运会筹备和举办期间，关于全运会志愿服务的图文、博客、工作日志，有关志愿者的报道也得到了收集与留存；收集和存放从各个渠道得来的文件、资料、工作任务、通知单；将场馆方针对志愿者需求数量、目标岗位等的文件，服务对象评语等也进行了收集和存放。

资料来源：全运会组委会相关资料。

【点评】

在整理、保存上述资料的基础上，天津全运会组委会将收集到的材料整理成了一系列的宣传资料，实现了对志愿者工作图文与影音资料的转化，推动了天津志愿服务事业的发展。

3. 志愿者文艺作品、宣传品的转化

大型活动志愿者文艺作品、宣传品的转化是指创作关于大型活动志愿者的主题歌曲、报告文学、话剧电影等各种形式的文艺作品，以及海报、纪念邮票、纪念封等一系列的宣传品，并加以推广、普及。

案　例

北京奥组委整合资源制作宣传品

在奥运会举办前后，北京奥组委整合相关资源，制作推出了奥运会志愿者系列宣传片、系列宣传海报、志愿者歌曲、志愿者电影，出版了《微笑北京》《志愿者之歌》等志愿者主题书籍，制作、推广了“微笑祝福笺”“奥运志愿者系列纪念封”“奥运志愿者纪念邮册”等宣传品，并通过播放公益广告、举办演唱会、开展主题活动等形式对相关志愿者文艺作品和宣传品进行普及、推广。

资料来源：张晓红，等. 大型活动志愿服务的组织与管理［M］. 北京：中国青年出版社，2014.

【点评】

北京奥运会通过对志愿者作品的转化，更好地传递了奥运志愿服务的精神和内涵，让更多人认同志愿服务，带动和感染了更多人加入志愿服务的行列。

4. 活动所创办的相关杂志的转化

大型活动所创办的杂志、期刊的转化也是大型活动志愿服务成果转化的做法之一。在活动结束后，活动期间所创办的志愿者杂志、期刊可以发展为拥有正式期刊号、定期发行的杂志，记录、报道相关志愿活动经历、事迹等，使其成为宣传志愿者工作的核心阵地。例如，北京市志愿者联合会将北京奥运会、残奥会期间发行的《志愿者》杂志发展成为正式期刊，使其成为志愿者工作理念研究和工作交流的阵地。

五、理论研究的转化

理论研究的转化主要是指对大型活动志愿服务工作进行理论提炼，得出大型活动志愿服务工作理论成果。这有利于为今后的志愿服务工作提供理论支持。主要做法包括：组织中外专家学者召开志愿服务论坛，就志愿服务的重要课题进行交流研讨；在相关专家、学者的指导下，整理、汇集大型活动志愿者工作的各项研究成果；编辑、出版与大型活动志愿服务理论研究相关的系列书籍；制作相关的专题网站、网页；等等①。

案　例

大型活动志愿服务开展理论研究转化工作

以北京奥运会、残奥会志愿者工作理论研究成果转化为例。在北京奥运会、残奥会成功举办后，北京市志愿者联合会于2009年上半年组织了“北京奥运志愿者工作成果转化系列研讨会”等各种会议和论坛，并邀请相关专家、学者参加。此外，在北京市志愿者联合会等的支持下，成立了由中国人民大学人文奥运研究中心主要负责、北京市各大高校及志愿者组织的多位专家共同参与的“2008北京奥运会、残奥会志愿者工作成果转化研究”课题组，该课题组于2010年完成研究，并撰写了80万字的研究报告，于2010年12月正式出版了《经验·价值·影响——2008北京奥运会、残奥会志愿者工作成果转化研究》一书，提出了志愿服务的“北京模式”，为北京乃至其他地区志愿服务事业的发展提供了有效参考。

以广州亚运会为例。早在2010年亚运会举办前，作为成果转化重大项目的“广州亚运会志愿服务丛书”的理论研究和编写工作就已经启动，并成立了一系列课题组，邀请相关高校及科研机构的专家、学者负责研究和撰写工作。2011年11月，在广州亚运会一周年纪念日之际，关于亚运会志愿服务的系列丛书已经全部完成并正式出版，这一系列做法都促进了志愿服务事业的可持续发展。

资料来源：张晓红，等. 大型活动志愿服务的组织与管理［M］. 北京：中国青年出版社，2014.

【点评】

越早开展志愿者工作理论研究成果转化，越有利于用转化成果指导日常的志愿服务工作，也越有利于相关转化的丰富与完善。

① 张晓红，等. 大型活动志愿服务的组织与管理［M］. 北京：中国青年出版社，2014.

六、管理机制的转化

管理机制的转化主要是指对大型活动志愿者工作管理经验的转化，主要包括总结提炼志愿者工作的管理方式、运行的模式等，特别是志愿者工作组织管理体系、志愿服务工作运行机制、志愿服务工作项目体系、志愿者工作合作交流机制等，将其转化为当地志愿者工作的长期工作管理机制，推动当地志愿服务事业的发展。具体做法有以下几种：

1. 建立志愿者工作组织管理体系

大型活动的精神成果转化需要在总结提炼志愿者工作管理经验的基础上，建立起志愿者工作的组织管理体系。具体来说，需要结合活动的志愿者工作管理模式，根据相关理论研究成果，探索建立日常志愿服务活动的志愿者工作管理体系，建立志愿服务的相关配套制度，加强志愿者及志愿者组织的管理，规范志愿服务活动，保障志愿者及志愿者组织合法权益，促进志愿服务事业发展①。

案　例

华东理工大学建立学雷锋志愿服务活动长效机制

华东理工大学青年志愿者协会组织志愿者前往十余家志愿服务基地，开展内容丰富、形式多样的志愿服务活动。依托青年志愿者协会，华东理工大学已建立起学雷锋志愿服务活动的长效机制，把深入开展学雷锋志愿服务活动作为培育和践行社会主义核心价值观的重要载体，为扶贫、助医、助学、助老、环保等丰富多彩的活动建立起统筹规划、共同参与志愿者工作的纵横清晰、条块结合的志愿服务组织网络，保障了志愿服务事业的长足发展。

资料来源：张晓红，等. 大型活动志愿服务的组织与管理［M］. 北京：中国青年出版社，2014.

【点评】

大型活动后，志愿者工作管理经验可以转化为志愿者工作组织管理体系，形成长效机制，推动志愿服务事业发展。

---

① 张晓红，等. 大型活动志愿服务的组织与管理［M］. 北京：中国青年出版社，2014.

2. 构建志愿服务工作运行机制

对大型活动中志愿者的管理经验以及志愿项目运行经验进行总结转化，将转化成果应用于今后日常的志愿服务管理、运行中是非常重要的志愿服务非物质成果转化形式。在大型活动结束后，志愿者主管部门要更新、完善常规志愿服务的一系列管理制度、用人条例与统一标准，对志愿者招募、培训、管理、激励、岗位调配等方面的工作制度进行细化，构建当地各类志愿者组织在日常的组织运行管理及常规志愿服务活动开展方面的完备机制，实现志愿服务工作的规范化、常态化、科学化运行。

案　例

北京市大型活动志愿服务项目运行口诀

第一阶段：调、设、宣。

这是调查研究志愿服务需求，并对需求进行评估，最终确定项目选择的过程。这一阶段包括三个管理过程和技巧。

“调”就是对志愿服务需求进行调研。所有的志愿服务均来自人民群众的需求，而非我们自己想象的志愿服务需求。

“设”就是对调研所得的志愿服务需求进行评估，设计符合需求的项目，确定项目选择、设立项目。

“宣”就是对设立的志愿服务项目进行宣传推广、营造氛围，进行项目统筹和资源动员与整合。

第二阶段：注、招、培。

这是项目立项之后，组建志愿服务团队，对项目进度进行安排，确定成本预算等为实现项目目标进行规划的阶段。这一阶段包括三个管理过程和技巧。

“注”就是志愿者实名注册。志愿者实名注册可以使志愿者的身份得到确认，通过接受系统的培训，使志愿者更方便地获取服务信息，更好地融入团队。“志愿北京”网站为全市统一的志愿者注册网络平台。

“招”就是招募完成志愿服务项目所需要的志愿者。通过完整的招募程序，把志愿者招到项目上来，招到队伍里来，招到服务岗位上去。

“培”就是对招募的志愿者进行培训。按照“不培训不上岗，培训不合格不上岗”的标准，对志愿者进行比较系统、规范的培训，以保证志愿者的素质和项目完成的效果。

第三阶段：管、保、激。

这是按照项目规划开展系列活动、产出项目阶段性成果并进行检测改进的过程。这一阶段包括三个管理过程和技巧。

“管”就是对志愿者进行科学管理，合理分配志愿服务岗位。

“保”就是志愿者保障、保险，包括政策保障、物质保障，如水、饭、劳动工具等的保障。

“激”就是在志愿服务项目实施过程中对志愿者进行激励，志愿者激励是保证志愿服务项目效果的关键环节之一，志愿者不图名不图利，激励工作应突出精神鼓励。

第四阶段：评、记、转。

这是项目收尾阶段，对服务效果进行验收和评估，将完成的工作进行总结，提出对今后工作的意见。这一阶段包括三个管理过程和技巧。

“评”就是志愿服务项目实施评价、评估环节，包括项目结项评估，服务对象、人民群众的评价和志愿者服务效果评估等。志愿服务项目评估，对于志愿服务工作的可持续发展具有重大意义。

“记”就是志愿者项目实施关键环节的记录和志愿者服务计时。记录志愿者志愿服务时间、服务效果等。

“转”就是志愿服务项目取得成果的转化，就是将项目产出的成果在更常态化、普遍的方面推广应用，以产生更大的社会影响。

资料来源：张晓红，等. 大型活动志愿服务的组织与管理［M］. 北京：中国青年出版社，2014.

【点评】

北京市总结提炼了奥运志愿者招募、培训、管理、激励、岗位调配等方面的工作制度，并且在北京奥运会以后的世界武搏会、新中国成立60周年庆典及新中国成立65周年游园活动等数十项大型活动志愿服务项目的基础上总结了大型活动志愿服务项目运行的12字口诀“调、设、宣、注、招、培、管、保、激、评、记、转”，这已经成为日常志愿服务项目运行的通则。

3. 完善志愿服务工作项目体系

志愿服务的项目化运作在国际上是一种通用做法，已经经过多次实践证明是可行的。因此，将大型活动期间开展的志愿服务项目进行归纳整合，在活动结束后将志愿服务项目转化为顺应社会发展、满足社会需要、符合民生、促进社会和谐发展的常规志愿者项目，十分必要。应鼓励志愿者在大型活动结束后继续开发和管理项目，并形成从挖掘开发、运行管理到考核评价的一整套机制，增强项目设置的科学性、合理性、可行性，促进项目的持续发展。

具体来说，需要扩大志愿者志愿服务范围、提升志愿者服务能力，更广泛地组织覆盖全社会的志愿服务活动，让社会各界参与到志愿服务中来。大型活动结束后，志愿者保持高度的志愿服务热情，持续、自发地开展当地日常的志愿服务活动。

4. 发展志愿者工作合作交流机制

志愿者工作合作交流机制也是志愿服务管理机制的重要组成部分。大型活动主办城市在活动筹备期间同国内外城市交流志愿服务经验，互派志愿者参加志愿服务活动，互相交流学习志愿服务经验，建立良好的合作关系，共同探索志愿服务组织、管理的成功经验。双方以此为契机可建立长期有效的沟通交流、互帮互助机制，共同实现志愿服务成果转化。举办城市也可以大型活动为契机，整合当地不同性质的志愿者资源，实现官方组织与非官方组织的交流沟通。

案 例

通过 2008 年北京奥运会促进中国志愿服务发展合作项目

由共青团北京市委、北京市志愿者联合会、中国国际经济技术交流中心、联合国开发计划署、联合国志愿人员组织和北京奥运会志愿者工作协调小组办公室联合发起的“通过 2008 年北京奥运会促进中国志愿服务发展合作项目”，就是一个国内外机构合作推进的志愿服务国际交流合作项目。整个项目分为两个阶段，第一阶段从奥运会之前到奥运会期间，邀请来自国内外的资深专家为奥运会骨干志愿者以及志愿者管理人员的培训提供帮助，精心策划志愿服务项目和活动，传播推广绿色奥运会理念。第二阶段从奥运会结束到 2011 年，将第一阶段取得的经验加以应用，进一步提高志愿服务的组织能力，扩大志愿活动的影响力，并以志愿服务的形式和手段加以宣传。

“通过 2008 年北京奥运会促进中国志愿服务发展合作项目”取得了一系列显著的成果，培训了 38 200 多名骨干志愿者和管理人员，创造了 35 000 多个环境保护志愿服务机会，推动了 2008 年北京奥运会、残奥会志愿者工作成果转化研究报告的出版，实现了通过 2008 年北京奥运会推动中国志愿服务发展的既定目标。

资料来源：张晓红，等. 大型活动志愿服务的组织与管理［M］. 北京：中国青年出版社，2014.

【点评】

“通过 2008 年北京奥运会促进中国志愿服务发展合作项目”实现了志愿服务经验的交流，通过互相学习交流，实现了资源的共享和志愿服务成果的转化。

七、人员队伍的保留

志愿者人员队伍的保留是大型活动志愿服务成果转化的重要工作之一。人员队伍的保留为志愿服务持续开展提供了人力保障，同时实现了志愿服务成果的切实转化。人员队伍的保留主要指对志愿服务研究专家队伍、志愿者培训教师队伍、志愿者管理人员队伍、志愿者骨干队伍、普通志愿者队伍等不同层面的各类志愿者人才的保留。

第一，志愿服务研究专家队伍。志愿服务研究专家队伍是志愿者成果转化的重要资源。在大型活动结束后，当地相关志愿者组织机构应积极整合资源，聘请志愿服务研究专家担任专家顾问团成员，及时地进行志愿服务成果转化，并在理论上对志愿服务工作进行完善，继续为志愿服务事业发展出谋划策、贡献力量。

第二，志愿者培训教师队伍。志愿者相关课程的培训教师队伍在活动结束后应当尽量留存，并在今后的志愿服务中继续发挥作用，为新加入的志愿者普及志愿者服务中的常识与技能，促进志愿工作的长足发展。

第三，志愿者管理人员队伍。在大型活动结束后，相关志愿者管理人才的吸纳工作应该得到志愿服务组织的重视，应尽可能将相关人才纳入日常的志愿活动中与志愿组织中来，使其成为推动当地志愿服务发展的中坚力量。在志愿者的招募、培训、考核、评优等方面提供帮助。

第四，志愿者骨干队伍。在大型活动结束后，相关组织应该注重人才库的建立与填充，着手将赛会中的志愿者骨干纳入当地的志愿者专业队伍，并用当地的志愿者机构统一管理，为其建立人才档案，将其纳入人才资源库，提高其志愿服务的水平，推进当地志愿服务工作的专业化进程。

第五，普通志愿者队伍。活动结束后，应该将为赛事服务的志愿者尽可能地纳入当地的志愿者组织，激励其继续参与志愿活动，并注册为当地的永久型志愿者。当地的志愿者人才资源库充实后，积极搭建平台，创造条件，组织各类志愿活动并带动广大志愿者参与进来，使之成为构建和谐社会的一支主要力量。

案　例

北京奥运会志愿者人才的保留

在奥运会结束后，北京保留了奥运会志愿者工作专家队伍，通过聘请北京奥运会、残奥会志愿者工作的各方面专家，组成了北京志愿者工作的专家顾问团，为北京志愿服务事业的发展提供智力支持和保障。而北京奥运会、残奥会的志愿者管理人才则被吸纳到北京市志愿者联合会等机构，成为推进北京志愿者工作管理的核心力量。北京奥运会、残奥会的赛会及社会专业志愿者则被吸纳到北京志愿者工作专业队伍，在此基础上建立专业志愿者人力资源库，推进了北京志愿服务的专业化进程。此外，北京通过引导和鼓励奥运会、残奥会志愿者和合作单位建立志愿者组织或团队等方式，以奥运场馆为依托，建立起了志愿服务团队或组织，并将这些志愿者发展成为不同层面志愿者协会的团体会员。

资料来源：张晓红，等. 大型活动志愿服务的组织与管理［M］. 北京：中国青年出版社，2014.

【点评】

志愿者人员队伍的保留是大型活动志愿服务成果转化的重要工作之一。人员队伍的保留为志愿服务的持续开展提供了人力保障，同时实现了志愿服务成果的切实转化。

在保留志愿者人员队伍的工作中应注意以下几点：

第一，在保留大多数相关工作人员的同时，要重点关注重要岗位人员的保留工作。对于在大型活动中表现较好、完整完成活动志愿服务的人员，其信息应该得到留存。此外，在关键岗位，挑选能力较好，素质较高的志愿者作为保留重点，从而为后续志愿服务的发展储备人才力量。

第二，保持与志愿者来源单位的良好沟通，建立长期合作的良好机制。在大型活动结束后，及时与重要志愿者来源单位交流沟通，制订接下来的工作计划。相关志愿组织应每月至少进行一次志愿者交流联谊活动，同时多开设提升志愿者技能的专属课堂，使志愿者对志愿服务有更加深刻的理解，自发地投身志愿服务的大家庭。

第三，重视志愿者的日常管理。要依托各级志愿者组织，开展经常性的服务活动、学习活动等，使志愿者组织高效运转起来，同时注意加强对志愿者的培训和激励保留等工作，促进志愿服务活动的常态化运行。

第三节　大型活动志愿服务成果转化的实施

一、大型活动志愿服务成果转化的工作流程

大型活动志愿服务成果转化工作涉及面广，工作时间持续长，对于志愿活动的发展具有重大意义，因此志愿服务成果转化工作需要相关组织全体工作人员积极参与。按照大型活动的开展过程，志愿服务成果转化的工作流程应包括以下几个阶段：

（一）大型活动前期志愿服务的成果转化工作

大型活动前期志愿服务的成果转化工作的主要任务是：根据活动的规模、日程安排等成立成果转化领导小组，由相关志愿活动专家、领导集中指挥。领导小组要负责成果转化相关的策划、组织、协调等工作，以便实现转化工作的良好开端。志愿服务成果转化的领导机构要做好统筹工作，要统一思想，制订方案，积极指导大型活动各相关部门做好志愿服务成果转化的准备工作，明确任务，分工合作，建立工作体系，全面完成成果转化工作。

（二）大型活动运行期间志愿服务的成果转化工作

大型活动运行期间志愿服务的成果转化工作主要分布在保障活动正常运行的各个部门中，各部门应在服从组织领导的基础上，充分做好本职工作以及成果转化的全面工作。志愿者领导小组应该在过程中做好监督指导工作，保证各部门成果转化工作的良好开展，此阶段是志愿服务工作成果转化夯实基础的阶段。以北京奥运会为例，首先，在志愿者招募工作方面，就充分考虑与遗产转化工作相衔接的计划，目标就是通过招募工作实现相关的遗产保留：组建一支专业化、国际化的赛会志愿者队伍，使其直接为奥运会提供优质服务，并在赛后成为推进北京志愿服务事业发展的中坚力量；培养建立一批高素质、有能力的志愿者管理团队，积累志愿者队伍的管理经验；通过设计建立一套完善的志愿者信息管理系统，实现赛会

志愿者报名、选拔和赛时管理工作的统筹，为北京志愿者工作保留一套完整的志愿者数据系统等；其次，在志愿者宣传工作方面，相关部门要做好志愿者视频拍摄、动人图片捕捉、感人事迹记录等工作，为推进宣传工作的成果转化保存相应的数据和资料等，这些工作的开展都为成果转化工作建立了良好的基础。

（三）大型活动结束后志愿服务的成果转化工作

大型活动结束后志愿服务的成果转化工作是整个大型活动成果转化工作的重点。此阶段的主要工作任务是：对前期形成的零散的素材、成果进行总结汇总，通过一定的成果转化规则，完成成果转化工作。总的来说，相关的组织机构要系统总结志愿服务中形成的物质成果和非物质成果，加强长效机制建设，完善志愿服务工作体系，激发、引导社会各界参与志愿服务的热情，推动志愿服务事业的长远发展，共建和谐社会。

这一时期主要分为两个阶段：

第一阶段是发展阶段，在大型活动结束后要着手建设永久性纪念设施，完善志愿者工作体系，建立志愿者人才资源库，推出志愿者成果展示作品，深化志愿者成果转化工作。

第二阶段是全面推进阶段，重点是将志愿服务成果转化全面显现，转化成志愿服务事业发展的有效资源。这其中要注重志愿精神的文化传承，完善志愿服务工作体系，并努力构建志愿服务工作的常态化运营机制，实现全面推动志愿服务事业发展的目标。

案　例

北京奥运会后志愿服务工作的成果转化

首先，加强概念界定和理论研究，努力形成志愿者工作理论成果。在前期相关文件的基础上，进一步研究志愿者的相关工作，促进志愿服务相关理论的全面转化和升华，形成对今后开展志愿服务工作具有指导意义和借鉴意义的理论成果。其次，转变赛时的工作模式，建立常态志愿服务的组织运行机制。赛时的工作模式不适用于日常志愿服务，因此要建立常态志愿服务的组织运行机制，包括组织、培训、激励和日常管理等工作环节。再次，转变赛时服务形式，做好服务项目的转化和保留工作，打牢志愿服务事业的基础。作为常态化的志愿服务，服务的形式和内容要做相应的调整，打造更为宽广的志愿服务基础平台。最后，加强核心团队建设，做好骨干团队保留工作，促进志愿服务事业长远发展。利用活动时志愿者团队建设的基础，最大限度地团结和凝聚社会志愿服务骨干队伍，实现志愿服务事业的持续发展。以上工作的开展都为成果转化工作奠定了良好的基础。

资料来源：张晓红，等．大型活动志愿服务的组织与管理［M］．北京：中国青年出版社，2014.

【点评】

北京奥运会的志愿服务工作成果转化，按照“成果理论化、机制科学化、项目固定化、队伍长期化”的要求开展，从理论的研究到工作常态化的机制建设，从项目转化到志愿者人员队伍保留工作，建立了全方位的成果转化机制，贯穿于志愿服务项目的始终，为志愿服务的发展留下了宝贵的经验。

总之，大型活动志愿服务成果转化是一个需要多方参与、多方重视的工作，整体工作要贯穿于整个大型活动始终，在大型活动结束后的一段时间内，它仍将是工作的重点。做好此项工作才能保证志愿服务事业的可持续发展。

二、大型活动志愿服务成果转化的建议

大型活动志愿服务成果转化工作具有重要示范意义且任务迫切，在转化工作中要把握机遇，团结各方力量，形成系统完善的工作体系，从而丰富志愿服务事业发展的资源，推动志愿服务事业发展。而要做好此项工作，需要重点把握以下几个方面：

一是大型活动志愿服务的成果转化工作应该越早越好。大型活动志愿服务成果转化工作不应在活动结束后才开始，应该在活动启动之前，就树立成果转化意识，立足长远发展需求，并落实到大型活动的前期准备阶段、运行阶段和结束后。整个过程中要充分整合利用各方资源，统筹规划各项活动，尽可能最大限度地保证成果转化。前期阶段将成果转化意识落实到行动，将为整个成果转化的工作打下坚实的基础，创造良好的开端。

二是大型活动志愿服务的成果转化工作要可复制、可推广。要建立起科学的成果转化观，即大型活动志愿服务成果转化工作要以可复制、可推广为导向，做好理论研究与实际应用的结合，坚持从现实中发掘和提炼，面向社会、面向实践，进而提升大型活动成果转化的价值。此外，也要科学设计成果转化的评价体系及具体评价方法与之相配套，从经济、政治、

社会、文化等多个角度进行衡量，确保评价体系与方法的科学性、合理性，以对成果转化进行客观、科学、公正的评价，从而保证所选成果具有较高的转化、应用和推广价值。

三是在出版成果的转化过程中，注意保护相关知识产权。大型活动结束后主办方应及时整合转化成果，总结分析赛会志愿服务中形成的经验，认真落实成果转化工作。成果转化工作应引起政府及有关方面重视，争取更多的资金支持与政策支持。对成果转化工作中得到的图文、影像资源应该树立起知识产权的保护意识，完善相关政策与法规，切实做好成果转化中的知识产权保护。国家应充分认可成果转化和推广的作用、贡献，通过各种形式的奖励措施激发大家在成果转化及推广方面的积极性。

四是广泛传播成果转化后的经验做法，进行成果转化的再转化。在成果转化过程中，我们最先是从志愿服务工作的实践中（实操）总结经验，复制、推广。在成果的宣传、推广过程中，要适应当前信息技术和多媒体技术日新月异的现实情况，充分利用好各种新媒介和新技术，通过各种传媒手段与多种形式将成果推广应用到其他大型活动的志愿服务工作中，广泛推广到其他志愿服务工作中去，推广到国内外，实现由经验到实操的志愿服务成果转化的再转化。

五是专业的工作交给专业的人去做。成果转化工作是项专业的工作，尤其是理论成果转化，因而，建设一支人员稳定、有创新能力与应用能力的研究队伍，是推动成果转化与应用的重中之重。应该制定相关政策，提高成果转化人员所得，做好表彰激励工作，提高其积极性，同时应尽可能地网罗相关高等院校和科研机构的专家、学者，建立起一支人员稳定的、有足够能力的研究队伍。此外，要解决理论研究与实践相脱节的现象，鼓励理论研究部门与实践部门开展合作，鼓励二者经常性地进行会晤、交换意见，为成果转化创造条件。

综上所述，大型活动志愿服务成果转化工作十分重要，它对志愿服务事业的长远发展有重要的意义。做好此项工作就要做好统筹规划，将此项工作贯穿于整个活动的始终，动员全体人员参与，充分发挥社会各界的力量，总结、转化在志愿服务过程中形成的经验、成果，将大型活动志愿服务工作的成果转化为强大的持久的“愿动力”，推动和谐社会建设和志愿服务事业的长远发展①。

---

① 张晓红，等．大型活动志愿服务的组织与管理［M］．北京：中国青年出版社，2014.

案　例

北京奥运会志愿者工作成果转化

北京奥组委、共青团北京市委在北京奥运会、残奥会成功举办后，为做好志愿者工作成果转化做了大量工作，积极总结奥运会、残奥会期间志愿者工作的成功经验。其中针对奥运会期间志愿者岗位设置工作，奥组委人力资源工作组、志愿者部重点选取了北京工业大学体育馆作为试点场馆，在赛后梳理了志愿者岗位，结合奥运会工作期间的各岗位志愿者实际运行，总结编制了《北京奥运会北京工业大学体育馆志愿者岗位说明书》《北京工业大学体育馆场馆志愿者工作运行手册》。

《北京奥运会北京工业大学体育馆志愿者岗位说明书》对北京奥运会期间服务于北京工业大学体育馆竞赛组织业务口之外的 23 个业务口 79 个岗位的志愿者岗位的中英文名称、中英文简称、岗位说明、需求人数、志愿者类型、中英文工作层级、准入区域、基本要求、主要职责、其他要求、关键考核指标进行了翔实的梳理归纳。《北京工业大学体育馆场馆志愿者工作运行手册》则对场馆志愿者业务口职责、人员结构、职责分工、通行权限、运行任务、运行程序、运行政策、物资计划、应急预案进行了再次的整理总结。

在参与上海世博会期间，为完成好服务于中国省区市联合馆北京馆的 10 批次 300 余名志愿者的管理与志愿服务工作，北京市各批次的志愿者工作负责人和分组长参考《北京奥运会北京工业大学体育馆志愿者岗位说明书》《北京工业大学体育馆场馆志愿者工作运行手册》的相关内容，结合各批次的实际运行情况和志愿者工作调整情况，分别编制了《志愿者工作运行手册》和《志愿者组织管理手册》，在志愿者培训期间作为教学材料对志愿者进行有针对性的培训，为志愿者抵达园区后，能够在最短的时间内高质量地投入北京馆的服务打下了坚实的基础。

资料来源：张晓红，等. 大型活动志愿服务的组织与管理［M］. 北京：中国青年出版社，2014.

【点评】

两本手册的编制，不仅仅是为了完成北京奥运会人力资源工作的总结，更是为了实现奥运会场馆志愿者工作成果的转化，为之后北京志愿服务工作提供了经验和参考。在此之后，两本手册先后为北京志愿者参与上海世博会场馆志愿者工作、辽宁省全运会场馆志愿者工作、锦州世园会园区志愿者工作提供了重要帮助。

思考与讨论

1. 大型活动志愿服务成果转化的工作原则和基本目标是什么？
2. 大型活动志愿服务成果转化的内容包含什么？
3. 北京市总结的大型活动志愿服务项目运行的 12 字口诀是什么？
4. 大型活动志愿服务成果转化的工作重点是什么？

第八章
案例：第九届全国大学生运动会志愿服务

第一节　第九届全国大学生运动会志愿者的构成

从广义上讲，第九届全国大学生运动会志愿者由前期志愿者、赛会志愿者、礼仪志愿者、体育展示志愿者构成。从狭义上讲，第九届全国大学生运动会志愿者是指赛会志愿者。本书采用了广义上的概念。体育展示志愿者又包括：啦啦操志愿者、赛事播报志愿者、音视频志愿者、吉祥物志愿者。

一、前期志愿者

大运会前期志愿者是指在大运会筹备阶段，经过招募选拔，参与大运会组委会日常工作或专项活动，义务为大运会组委会提供服务的人员。

前期志愿者项目于2012年初启动，共招募了200名志愿者，其中90%是天津市各高校的在校学生。

前期志愿者服务领域包括：行政助理、电话咨询、大运会宣传、资料翻译、信息录入、大型会议服务等。

【志愿者故事】

作为随队志愿者，我们早早就上岗了。每天都要早早地起床，做大量的准备工作，调度车辆、安排训练比赛、协调住宿餐饮，解决代表队的教练员和运动员提出的所有问题。晚上等到队员们都休息了，还要梳理一天的工作，做好第二天的工作计划……

一位领队给我发了这样的短信："谢谢你为我们的细心安排，你们的工作尽善尽美，没有你们的帮助我们不可能在天津获得一个又一个的胜利。”

这就是志愿者，也许没有瞩目的贡献，没有一切亮眼的荣耀，有的仅仅是一份平凡、一份坚持，然而这份平凡和坚持就是作为志愿者最大的美丽光环。

二、赛会志愿者

大运会赛会志愿者是指由组委会组织招募，接受组委会管理，赛会期间承担相应比赛岗位职责，在大运会组委会指定的时间和岗位工作，义务为大运会比赛服务的志愿者。

第九届全国大学生运动会赛会志愿者共录用3 500人，其中主要来自天津地区高校。

【志愿者故事】

一场比赛，一块90×45米的足球场，两支球队的角逐，需要十个捡球员的通力配合，比赛才能顺利进行。观众的目光总是集中在赛场上，却忽略了赛场外捡球员的辛劳和付出。

“我们分两组，一场一组，一组十个人，沿赛场一圈，站好了，一会儿球出线了，我们就捡球。”捡球是足球项目所有志愿者中最累的差事，全部由身强体壮的男生担当。每场不加时赛的比赛大概105分钟，这段时间里，捡球员要目不转睛地盯着赛场，要非常灵活，反应要快。有些球员要打快攻，你就要赶紧把你手里的球扔出去，别耽误人家的比赛呀，然后再去捡出线的那个球，一场比赛平均每个人要捡约20个球。结束后要清场，首先是查看草坪，有些踢坏了的草皮要用脚翻过来，然后打扫卫生，捡赛场周围的矿泉水瓶。在比赛间隙，捡球员要把场地打扫干净，准备下一场比赛。

比赛期间，每天都是“阳光普照”，我们这群捡球员也顺便来了个“日光浴”。刚开始挺累的，晚上回去就睡，现在觉得学到的东西比付出的多。我觉得自己更有责任心，也更有纪律感了。非常感谢大运会给了我这次锻炼的机会。

三、礼仪志愿者

大运会礼仪志愿者是指由组委会组织招募，接受组委会管理，赛会期间承担接待、会议服务、颁奖等岗位职责，在大运会组委会指定的时间和岗位工作，义务为大运会比赛服务的志愿者。

【志愿者故事】

从参加大运会颁奖礼仪志愿者集训到大运会结束这一段时间，我人生道路上的阅历又丰富了，从中学到了不少，经历了“酸甜苦辣咸”。现在回想起来，这些经历真是回味无穷，真的难以忘怀，它们都将是我人生道路中最美最亮丽的风景……

为了做一名优秀的礼仪志愿者，我们刻苦地训练，在训练场上流下了许多汗水和泪水，集训磨炼了我们的意志，使我们变得更加坚强，集训也使我变得更有责任心，更有耐心，更有爱心。集训期间学员之间互助友爱，互相加油，互相鼓励……来到场馆，我们一心把颁奖任务做到最好，力求完美。我们一遍一遍地彩排，发扬吃苦耐劳的精神，大家只想把最后的“表演”演得精彩，画上一个圆满的句号。

大运会到来的这一刻，我们这群志愿者将用微笑迎接、用真诚欢迎朋友们。“赠人玫瑰，手留余香。”参与志愿者工作，奉献的是汗水、微笑，体验的是感动；净化的是心灵，收获的是快乐；提升的是境界，实现的是真正的人生价值！我们付出，我们收获，我们快乐！

我一辈子也忘不了为大运会获奖的运动员颁奖的感觉。手中的奖是那么的沉重，荣誉是那么的庞大，我怎能忘记那时的激动？经历了大运会颁奖礼仪工作，我的人生道路中又多了一份精彩！

四、啦啦操志愿者

大运会啦啦操志愿者是指在大运会期间，在比赛现场引导观众为运动员加油，营造良好观赛氛围的志愿者。大运会期间，啦啦操志愿者主要服务于篮球、排球等比赛场馆。

五、赛事播报志愿者

大运会赛事播报志愿者是指在大运会期间，在比赛现场播报比赛过程、公布比赛结果、介绍到场嘉宾及运动员、组织颁奖仪式的志愿者。

【志愿者故事】

体育展示部，一个新兴的部门，赛事播报，一个新兴的岗位，却有着无可比拟的重要性，如一个场馆主任说的那样，我们这里播错了也就意味着全世界都错了。

起初，我们以为在这个部门会轻松点，可经过测试赛，我们才知道任务之艰巨。由于活跃以及营造观众气氛的需要，在进球这一振奋人心的时刻必须及时准确播报，我们需要坐在播音室外面全神贯注地盯着比赛场面，以便记住进球球员号码和换人队员号码。比赛结束，我们需要兵分两路，马不停蹄地赶到技术部和礼仪办公室分别拿赛后总结资料和颁奖嘉宾名单，拿好资料后到体育展示部将资料迅速转交给经理……颁奖仪式结束后，我们感慨良多，“当志愿者原来这么累啊”。

尽管这一天的志愿者生活非常累，但我们无怨无悔。我们深知自己的责任重大，我们时刻提醒着自己，一定要为学院、学校、天津争光，做好自己的本职工作！总结我们的志愿者生活，可将其概括为“痛并快乐着！”

六、音视频志愿者

大运会音视频志愿者是指在大运会期间，在比赛现场调试赛场音视频设备、控制赛场视频和音频信号的志愿者。大运会期间，音视频志愿者主要服务室内场馆。

七、吉祥物志愿者

大运会吉祥物志愿者是指在大运会期间，穿着吉祥物服装，运用肢体语言，与观众互动，引导观众为运动员加油，营造良好观赛氛围的志愿者。

【志愿者故事】

体育展示“吉祥物”志愿者是本次大运会一个崭新的志愿者团队，“吉祥物”的工作看似简单，实际上却大有学问。要保证在身穿厚衣服、戴着大头套的情况下，身体还能协调地律动，而且要根据不同的音乐做出不同的动作；要熟悉比赛，与其他工作人员磨合，防止出现冷场。吉祥物志愿者在赛前10分钟左右就要穿戴整齐，直到观众离席才能脱下被汗水浸湿的衣服，也只有在休息的时候才能摘下头套呼吸新鲜空气。

从8月11日开始，吉祥物志愿者便开始集训，我们每天坚持体能训练：1 500米长跑、仰卧起坐、高抬腿、俯卧撑……我们12个大男孩会在辛苦的志愿服务中忙中偷闲，体会那份欢乐。当让我们对自己的志愿服务做一个总结的时候，我们的回答是：“充实”。吉祥物志愿者一直在幕后工作，就像一首歌唱的：“不知道你是谁，却知道你是为了谁”！

第二节　第九届全国大学生运动会志愿者参与动机

“奉献、友爱、互助、进步”不仅是志愿者的一句响亮口号，更是志愿者参与志愿服务的实际动机。

“奉献”是一种态度。“亲身参与大运会，留下人生宝贵经历”、“作为一次宝贵的社会实践，锻炼了自己”和“希望为国家和社会尽一份力”成为志愿者参与大运会志愿服务的主要动机。

“友爱、互助”是一种精神，一种行动。在大运会的举办过程中，时时刻刻能够感受到志愿者的友爱与互助。他们的微笑与热情感染了在场的每个人。

“进步”是一种收获。进步的根源是奉献和参与，志愿者们认为自己所从事的是伟大且高尚的事业，在工作中得到了赞许和期待，在付出的同时也获得了成长的宝贵经验。

就像大运会志愿者口号说的那样，“有你、有我、有精彩”，每个志愿者都收获了精彩。

【前期志愿者参与志愿服务感言】

美好的时光总是过得很快，随着一张张笑脸的定格，我们的大运会志愿者工作也画上句号。这是我大学生活中一段特别有意义的回忆，它让我的大学生活更加多姿多彩。在实践中学到的不仅仅是专业知识，也学到了做人的道理，同时，能交到很多新朋友，这是一辈子的收获。

我愿意，放弃自己自由的暑假时光；我愿意，踏上志愿者的路途；我愿意，成为一名大运会志愿者；我愿意，与一群难以割舍的伙伴相濡以沫。一切皆因我愿意。

【赛会志愿者参与志愿服务感言】

我坚信要想别人怎样待你就先怎样待别人，所以我会尽我的力量去帮助所有的人。生活其实很简单，一个微笑，一个解答，一个举手之劳。他们的笑脸让我觉得这个世界充满精彩，我会继续努力，坚持到底！

对于我个人而言，我清楚地知道，作为一名志愿者，就要知道自己所做的工作是有意义的，志愿者服务工作不分环境地点，因为你的工作是为他人服务，为社会服务，是一个真正志愿者的精神所在，无论工作环境好与差，在哪儿都能做好自己的服务工作，才是真正的志愿者。虽然说大运会的时间只有十几天，但是，我相信，未来的机会还有很多，只要能够坚持，只要能够把志愿服务当作一种崇高的信仰，我们一定能收获更多！

【礼仪志愿者参与志愿服务感言】

我们的笑容只能露 8 颗牙齿；我们鞠躬时，必须以髋关节为轴，向下 30 度；我们长久站立时，双膝必须紧闭到不让夹着的那张白纸掉落；我们列队颁奖时，彼此之间必须保持三四十厘米的距离，这就是我们，大运会的礼仪志愿者。

从最初渺茫的选拔到成功入选，再到正式为大运会服务，这一路的辛苦，历历在目。每个人都在分享着收获和经历。大家用自己的微笑体现着"天津最好的名片"，真正做到了有你、有我、有精彩！

【体育展示志愿者参与志愿服务感言】

"有一种生活你没有经历过，就不知道其中的艰辛；有一种艰辛你没有经历过，就不知道其中的快乐；有一种快乐你没有经历过，就不知道其中的纯粹。"这是对志愿者生活最好的诠释。快乐是志愿服务的乐趣，这纯粹源自志愿者那颗宁静而又耐得住寂寞的心。

"被需要是一种幸福"，这感觉只有在真正做志愿工作一段时间后才能渐渐获得和理解。这种幸福也让我深深体会到参与大运会的激情，大运会不再是一个抽象的符号，而是一种具体的行动。

我以"志愿者"为荣。

第三节　第九届全国大学生运动会志愿者评价

2012 年 8 月 29 日，共青团天津市委书记刘志强在第九届全国大学生运动会志愿者誓师大会暨大运会倒计时十天迎庆宣传活动致辞中说："举办一届高水平、有特色、安全精彩的运动盛会是天津的承诺，也是人民的期待，高素质的志愿者队伍和高水平的志愿服务，是成功举办大运会的重要基础和保障。全体志愿者一定要充分认清工作使命，增强大局意识，恪尽职守、各司其职，不计得失，全力以赴，以强烈的使命感、高度的责任感和饱满的精神状态，为成功举办大运会贡献青春、智慧和力量。要自觉发挥模范作用，倡树文明新风，大力弘扬'奉献、友爱、互助、进步'的志愿精神和'爱国诚信、务实创新、开放包容'的天津精神，努力成为爱心善行的传承者、志愿服务理念的普及者和社会主义核心价值体系的践行者，推动志愿服务工作顺利开展，为确保大运会取得圆满成功做出应有贡献。”

2012 年 9 月 18 日，第九届全国大学生运动会组委会执行主任、天津市人大常委会副主任苟利军在大运会闭幕式致辞中讲道：“对志愿者表示衷心的感谢。不仅要感谢取得成绩的优秀运动员，更要感谢做出巨大贡献的志愿者。”

《天津日报》：志愿者的辛勤工作是大运会取得成功的重要因素。如果没有这些志愿者的努力，大运会不会取得如此大的成功。我们要感谢这些志愿者，向这些志愿者表示非常的敬意。

新华网：硝烟散尽，战火平息，帷幕拉上，第九届全国大运会圆满结束了。我们犹记得昨日赛场上运动健儿的英姿，还回味着赛场上强者释放的激情，大家是否注意到场外漂亮的志愿者们？他们默默地付出，静静地服务于大运会，他们是最美最勤劳最值得赞颂的小蜜蜂，运动员沉甸甸的奖牌上也有他们的一份功劳。

社会公众：大运会结束后，在走访天津市民过程中，当问及大运会成功举办的原因时，90%以上的人认为，志愿者的热情服务功不可没。社会公众对大运会志愿工作的总体评价很高。

第四节　第九届全国大学生运动会志愿者工作体制

一、志愿者工作组织体制

第九届全国大学生运动会组委会作为大运会的最高组织管理机构，负责志愿服务的领导决策工作。组委会志愿者部作为具体落实部门，负责志愿服务的整体招募、选拔、组织、宣传、管理、协调等工作。其办公室设在大运会组委会，具体工作开展主要依托共青团天津市委。时任共青团天津市委副书记王华任第九届大运会组委会志愿者部部长。

共青团天津市委主要承担组委会部署的各项工作任务。在组委会的领导下，协调并指导开展志愿者工作。其主要职责是：

（1）负责制订志愿服务工作方案；

（2）负责和组委会及其各工作组沟通所需志愿者的人数及要求；

（3）负责制定志愿者的类别、上岗期限、上岗时间、上岗地点、工作内容等；

（4）负责组织开展第九届全国大学生运动会志愿者口号、标识征集评选活动；

（5）负责组织开展有关第九届全国大学生运动会志愿者的相关主题实践活动等；

（6）负责第九届全国大学生运动会志愿者的招募、选拔、多项目与多用途培训、人员调配、业务指导、日常管理等；

（7）负责对志愿者进行任免、鉴定及评选表彰等工作；

（8）负责制定编印志愿者服务培训教材等有关材料；

（9）负责协调落实志愿者政审、注册、保险、服装发放、装备发放、上岗期间餐饮等后勤保障工作及志愿者各项活动宣传、报道工作；

（10）负责志愿者活动经费的预算、申请及使用管理。

二、馆校对接（场馆对接）机制

建立组织高效、运作协调、指挥有力的赛时运行机制，对于赛会志愿者工作至关重要。在尊重国际惯例的基础上，结合志愿者来源构成的特点以及高校志愿者服务的优势，大运会确立了以场馆为基础，以赛事运行为核心，以高校、区县为保障的“馆校对接”工作机制。

所谓馆校对接机制，是指为大运会各场馆明确志愿者来源单位，在场馆和志愿者来源单位之间建立工作对接关系，共同推进场馆志愿者队伍的组建、管理、保障等工作，将志愿者运行工作整合并落实到场馆的模式。参与对接的场馆包括大运会竞赛场馆、非竞赛场馆和训练场馆。参与对接的志愿者来源单位以天津地区全日制普通高校为主（具体对接情况参见表8－1、表8－2、表8－3）。

表8－1　　第九届全国大学生运动会场馆对接统计表

比赛项目	承办学校
田径	海河教育园区
跆拳道	中国人民解放军军事交通学院
桥牌	天津师范大学
健美操	天津工业大学
男子足球	天津师范大学、天津工业大学
男子篮球	中国民航大学
男子排球	天津科技大学、天津外国语大学
定向越野	天津财经大学

续前表

比赛项目	承办学校
乒乓球	海河教育园区
武术	天津师范大学
游泳	天津工业大学
毽球	天津医科大学
女子足球	天津城市建设学院、天津财经大学
女子篮球	天津财经大学、天津大学
女子排球	南开大学

以大运会男子排球馆为例，其志愿者主要来源单位是天津科技大学，天津科技大学是馆校对接的主责单位，在男子排球馆服务的其他高校志愿者也服从天津科技大学管理。

天津科技大学的主要职责是：

（1）负责本单位志愿者的招募、培训、管理等工作；

（2）负责与场馆主任和场馆团队的对接、联络等工作；

（3）协调、联络其他在男子排球馆服务的志愿者；

（4）推选本单位大运会志愿者工作领导小组负责人，组建场馆团队；

（5）选派场馆志愿者经理和观众服务经理；

（6）组织、协调本单位落实场馆团队及志愿者的各项工作。

表 8-2　　志愿者馆校对接组织运行机制

参与单位	主要职责
组委会	协调组委会内各有关部门和场馆团队，确定各场馆志愿者的需求，明确志愿者数量、岗位及资格条件；按照场馆化的工作进程确定对接进度及重点工作环节；负责协调落实组委会对场馆对接工作的保障措施。组委会相关部门为志愿者提供赛时志愿者注册、证件、服装、工作餐、免费公共交通等保障。组委会安保部门对志愿者进行统一的背景审核。组委会技术部门提供相关技术保障
组委会志愿者部	负责制订场馆对接的总体工作方案，统筹协调各相关单位，为场馆对接工作提供支持保障，整体推进志愿者招募、培训、管理工作
场馆运行团队	以馆校对接单位志愿者为主，组建场馆志愿者团队，场馆运行团队由场馆主任负总责。赛时场馆志愿者工作由各业务口分工管理。负责志愿者的考勤考核，制定和实施激励、保障等政策，指导、协调各业务口志愿者工作，协调处理各种应急情况。场馆各业务口负责本领域志愿者的任务分配并带领志愿者明确职责、各司其职

续前表

参与单位	主要职责
志愿者场馆对接主责单位	负责与各志愿者场馆对接参与单位之间的联络、协调等工作，负责选派场馆志愿者经理，负责组织、协调本单位及有关参与单位共同推进落实场馆团队及志愿者的各项工作
教委	负责指导高校开展场馆志愿者的招募、培训和管理工作，研究制定相关政策，为场馆运行提供外围保障

表 8-3　　　　场馆运行团队组织框架

业务口经理	志愿者
设施管理业务口经理	设施管理助理志愿者
场馆通信中心业务口经理	通信中心助理志愿者
颁奖礼仪业务口经理	颁奖礼仪志愿者
	颁奖服务志愿者
观众服务业务口经理	现场服务志愿者
环境业务口经理	环境监督助理志愿者
技术业务口经理	成绩打印分发志愿者
	现场技术支持志愿者
	通信助理志愿者
交通业务口经理	交通服务志愿者
礼宾业务口经理	礼宾礼仪志愿者
物流业务口经理	物流资产管理志愿者
新闻运行业务口经理	文字记者工作间志愿者
	混合区志愿者
注册业务口经理	场馆注册协调志愿者
志愿者业务口经理	志愿者督导
	志愿者经理助理
竞赛组织业务口经理	运动员引导志愿者
	场地服务志愿者
	运动员休息室志愿者
	体育器材管理志愿者
摄影服务业务口经理	摄影服务志愿者
医疗服务业务口经理	急救组志愿者

第五节　第九届全国大学生运动会志愿者工作运行体系

一、志愿者招募工作

（一）工作任务

在天津市委、市政府及第九届全国大学生运动会组委会领导下，根据第九届全国大学生运动会组委会统一部署和工作需要，招募第九届全国大学生运动会各运动项目部及组委会各部门所需赛会志愿者及礼仪服务志愿者等，并负责对志愿者的培训、组织、管理等具体工作，确保为第九届全国大学生运动会的举办提供优质、高效、热情、周到的全方位志愿服务。

（二）工作目标

根据天津市委、市政府及第九届全国大学生运动会组委会的要求，结合天津市实际情况，为第九届全国大学生运动会组建一支政治过硬、素质较高、积极向上、富有活力的志愿者队伍，主要承担赛场服务，礼仪服务，大型活动和赛场互动引导、接待服务，为各地来宾和大学生运动员提供高水平的志愿服务，确保天津市圆满完成第九届全国大学生运动会各项工作。同时，在志愿者中开展各项活动，营造良好社会氛围。

（三）工作原则

（1）自愿与广泛参与相结合，充分体现开放性和自愿性。

（2）遵循体育赛事国际惯例。开通网络报名系统，作为接受申请人报名的必要渠道之一。制定和发布志愿者的报名条件、工作保障与激励措施、岗位运行等通用措施。

（3）发挥体制优势。通过组织系统招募志愿者，确保安全与效果。志愿者以在津普通高校学生为主体，发挥高校优势；还包括重点领域的专业志愿者。

（四）志愿者构成及人数安排

第九届全国大学生运动会由赛会志愿者和礼仪服务志愿者两部分组成。

（五）招募工作

第九届全国大学生运动会志愿者，将由组委会志愿者部负责全面招募，并采取社会公开招募的方式，届时组委会志愿者部将通过天津市各大新闻媒体、天津青年志愿者网站、各高校团组织发布招募信息，号召广大热心社会公益事业的大学生积极地参与到第九届全国大学生运动会志愿服务工作中。

1. 招募条件

（1）2012 年 9 月在天津学习的在校大学生，自愿参加 2012 年第九届全国大学生运动会志愿服务；

（2）年龄在 18 周岁（以 2012 年计算）以上（1994 年 9 月 1 日之前出生），身体及心理健康；

（3）遵守中国法律法规，无犯罪记录；

（4）能够参加上岗前的培训及相关活动；

（5）能够保证在第九届全国大学生运动会组委会规定的时间内，连续参与志愿服务；

（6）具备志愿服务岗位必需的专业知识和技能；

（7）接受第九届全国大学生运动会组委会的领导和管理，遵守筹委会相关规定；

（8）能够用标准普通话沟通；

（9）中共党员、有大型赛会志愿服务经验者优先。

2. 招募流程

截至 2011 年 7 月，第九届全国大学生运动会组委会各工作部门认真研究确定所需志愿者情况，并按照相关要求认真填写由志愿者部统一下发的《2012 年第九届全国大学生运动会组委会各部门志愿者需求统计表》。

2011 年 8 月至 2011 年 9 月，组委会志愿者部将对第九届全国大学生运动会组委会各部门提交的《志愿者需求统计表》情况进行核实、确认。随后将按照组委会各部门提交的实际需求开展志愿者的招募工作。

2011 年 10 月，组委会志愿者部将通过天津市各大新闻媒体、团市委网站、天津青年志愿者网站及各级团组织和青年志愿者组织面向社会公开招募“第九届全国大学生运动会赛会志愿者”。此次报名将采取网上报名的方式，届时报名者可登录天津青年志愿者网填写《第九届全国大学生运动会赛会志愿者候选人报名表》，通过审核后即可成为第九届全国大学生运动会赛会志愿者候选人。

2011 年 10 月，组委会志愿者部将对所有报名者的信息进行网上筛选、归纳、整理，为初试选拔做准备。

2011 年 10 月，组委会志愿者部将通过天津市各大新闻媒体、团市委网站、天津青年志愿者网及各级团组织和青年志愿者组织面向社会公开招募“第九届全国大学生运动会礼仪志愿者”。此次报名将采取网上报名的方式，届时报名者可登录天津青年志愿者网填写《第九届全国大学生运动会礼仪志愿者候选人报名表》，通过审核后即可成为第九届全国大学生运动会礼仪志愿者候选人。

2011 年 11 月，报名者携带本人的身份证、相关证书的复印件及《第九届全国大学生运动会赛会志愿者候选人报名表》，在规定时间内参加由各相关高校团委和组委会志愿者部组织的初步选拔。初试选拔结束后各相关高校团委将入选复试的人员报送志愿者部。

2011 年 11 月，报名者携带本人的身份证、相关证书的复印件及《第九届全国大学生运动会礼仪志愿者候选人报名表》，在规定时间内参加组委会志愿者部组织的初步选拔。

2011 年 12 月，组委会志愿者部将核实、整理、确定进入复试的志愿者候选人人员名单，为随后开展的复试选拔工作奠定基础。

2011 年 12 月，组委会志愿者部将邀请第九届全国大学生运动会组委会各部门主要负责人及社会知名学者作为评委，开展“第九届全国大学生运动会志愿者复试选拔工作”。

2012 年 1 月，组委会志愿者部将核实、整理、确定进入复试的礼仪志愿者候选人人员名单，为随后开展的复试选拔工作奠定基础。

2012 年 2 月，组委会志愿者部将根据礼仪志愿者候选人参加复试成绩的情况筛选、确定出成绩优异、符合要求的第九届全国大学生运动会礼仪志愿者候选人，并对其进行初步的背景审核。

2012 年 3 月，将《第九届全国大学生运动会礼仪志愿者候选人人员名单》报送组委会进行最终背景审核，待最终背景审核通过后报送第九届全国大学生运动会组委会审议通过，最终确定第九届全国大学生运动会礼仪志愿者。

2012 年 3 月，组委会志愿者部将根据志愿者候选人复试成绩的情况筛选，确定出成绩优异、符合要求的第九届全国大学生运动会志愿者候选人，并对其进行初步的背景审核。

2012 年 3 月，组委会志愿者部将《第九届全国大学生运动会志愿者候选人人员名单》报送组委会进行最终背景审核，待最终背景审核通过后报送第九届全国大学生运动会组委会审议通过，最终确定第九届全国大学生运动会志愿者。

（六）面试及测试

面试及测试工作主要由各类志愿者招募单位负责，各招募工作实施机构具体实施。面试和测试的时间、方式等，因各招募单位实施机构的招募对象的具体情况而有所不同。高校赛会志愿者选拔流程表详见表 8－4，具体面试考核标准详见表 8－5。

表 8－4　　　　高校赛会志愿者选拔流程表

选拔流程	负责单位	评价指标	具体指标	考核方式
初次甄选	高校各院系	思想政治素质、业务水平	在校日常表现、志愿服务经历、参加各项重大活动的表现、身心健康状况	筛选
测试	专业机构建立题库，由各高校测试	综合知识	大运会基本知识、中国传统文化、天津历史与文化、通用礼仪、涉外礼仪、医疗及紧急救护、突发事件处理、行政能力测试	笔试或网络测试
		心理素质	测试系统	
		外语	外语交流能力	
面试	高校团委和志愿者使用部门	仪表、思维、专业水平	仪表气质、责任感和进取心、思维与表达能力、专业知识水平、专业能力	面试

表 8－5　　第九届全国大学生运动会赛会志愿者面试考核评分标准

等级	评分标准
优秀（71～100 分）	综合分析能力强，对事物能从宏观方面总体考虑，亦能从微观方面考虑其各个组成要素，非常注意整体和部分之间的关系及部分间的有机协调组合；能用标准普通话交流，语言流畅、用词准确，内容有条理、富逻辑性，观点清晰并具有一定说服力；在压力状况下，能保持冷静，思维反应敏捷，情绪稳定，考虑问题周到；对于工作有很强的预见性，能够意识到各方之间的关系，稳妥处理各种关系，顺利完成工作任务；具有较好的团队合作意识，人际合作主动，有效沟通的能力强，处理人际关系原则性与灵活性兼备；成就动机（认知需要，自我提高、自我实现、服务他人的需要，得到锻炼等）与岗位情况匹配，认同志愿者组织文化；形象气质佳，穿着打扮得体，言行举止符合礼节
中等（31～70 分）	综合分析能力较强，能够正确理解事物、不偏激；能用标准普通话交流，语言表达清楚，较有逻辑性，遣词造句适当，能够将自己的思想、观点比较顺畅地表达出来；情绪较稳定，有一定的承受压力的能力；对于工作有计划，能够较为稳妥地处理各种关系，顺利完成工作任务；具有较好的团队合作意识，能与他人和谐相处；成就动机（认知需要，自我提高、自我实现、服务他人的需要，得到锻炼等）与岗位情况基本匹配，认同志愿者组织文化；形象气质符合大学生身份，穿着打扮较得体，言行举止符合礼节

续前表

等级	评分标准
较差 （0～30分）	综合分析能力较差，理解事物较为偏激；普通话交流困难，语言表达不清，累赘，缺乏逻辑性，经常词不达意，不能将自己的思想和观点顺畅地表达出来；情绪易激动，急躁，无耐心；无承受压力的能力；对于工作没有计划，不善于处理各种关系，完成工作任务有困难；对集体活动不感兴趣，无合作意识，人际合作能力差；成就动机（认知需要，自我提高、自我实现、服务他人的需要，得到锻炼等）与岗位情况不匹配，不认同志愿者组织文化；形象气质不符合大学生身份，穿着打扮不得体，言行举止不符合礼节

二、志愿者培训工作

志愿者培训工作的目标主要包括两点：（1）建立一支高素质的赛会志愿服务队伍。大运会的志愿者培训工作的最直接、最重要的目标是为大运会提供一支高素质的志愿服务队伍。（2）为天津志愿服务事业留下宝贵遗产。大运会志愿者培训工作的广泛开展，能够进一步发扬志愿精神，传播志愿服务理念，着力提升志愿者的自身素质，引导志愿服务发展方向，以大运会培训工作为新的起点，为天津市志愿服务事业积累宝贵经验。

大运会培训工作由大运会组委会领导，由组委会志愿者部具体指导并协调组委会内相关部门及志愿者来源单位、各场馆团队具体实施。具体分工如表8-6所示。

表8-6　　大运会运行部门职责范围

分工	部门	职责范围
领导机构	大运会组委会	总体领导志愿者培训工作，制定培训政策
协调部门	组委会志愿者部	负责大运会志愿者培训工作，统筹志愿者通用培训、场馆培训、岗位培训的规划、协调、指导、监督、考核和评比表彰工作
实施机构	场馆团队	负责志愿者场馆培训和岗位培训，制订志愿者场馆培训、岗位培训的计划并组织实施，落实培训、考试的场地和必要设备，组织志愿者参加实战演练；提供志愿者培训期间的后勤保障；制订志愿者场馆培训、岗位培训的考核方案并组织实施，严格执行持证上岗制度
	组委会各部门	指导、支持场馆内对应业务口的岗位培训（包括岗位服务所需的外语培训）

续前表

分工	部门	职责范围
实施机构	志愿者来源单位	负责志愿者部分通用培训，各部门开展专业培训，配合场馆团队进行场馆培训和岗位培训；根据实际需求，提供必要的培训场地，协助做好培训的后勤保障工作；协助做好各类培训的测试考核

1. 通用培训

通用培训以《大运会志愿者读本》《大运会志愿者规范守则》等为基本教材，讲授方式以课堂讲授、影像观摩为主，鼓励培训对象进行课外自学，并由各单位组织开展课外培训活动。

（1）设计培训大纲。

志愿者部制定了大运会志愿者通用培训大纲，内容包括大运会基本知识、志愿精神、志愿服务礼仪规范等。

（2）编制培训教材。

编制大运会志愿者通用培训教材《大运会志愿者读本》《大运会志愿者规范守则》。

（3）组建专家团队和师资队伍。

组建专家团队，研究志愿者培训的教学大纲、内容设置、学习方法等问题，聘请高水平的专家队伍，为志愿者进行培训。

2. 骨干培训

骨干志愿者是由所服务的场馆团队和业务部门按照一定比例，考虑岗位要求和志愿者的日常表现、服务能力及个人综合条件推荐产生的。骨干志愿者的培训通过定期举办训练营等封闭集训、实践训练、实践演练的方式开展，针对志愿者自身特点和现实需要安排培训内容，具有较强的针对性。

3. 岗位培训

大运会志愿者的场馆培训、岗位培训，主要依托场馆团队和业务口开展。各场馆团队、业务口根据自身岗位特点和需要，细化培训课程，组织落实培训，并进行考核，突出培训的实践性和可操作性。

三、志愿者保障和激励工作

（一）保障和激励工作的目标和原则

大运会志愿者保障和激励工作的主要目标是在赛时为志愿者提供良好的工作环境，激发志愿者的服务热情，为赛事提供“有特色、高水平”的志愿服务；维持志愿者赛后的服务热情，为中国志愿服务事业的发展培养稳定的志愿者队伍。

大运会志愿者保障和激励工作的主要原则：(1) 划分职责。组委会志愿者部、场馆、高校都在各自职责范围内承担一定的志愿者保障和激励工作责任。(2) 一致保障。志愿者的岗位和任务可能会有所不同，但在政策上对志愿者的保障和激励是一致的。(3) 基本保障。充分满足志愿者在衣、食、住、行、医等方面的基本要求，但不过度保障。(4) 事先公告。在志愿者申请人成为志愿者之前，就确保其对志愿者保障和激励政策的知情权。同时，对于公告的事项，也必须确保兑现。

(二) 保障和激励工作的政策

对大运会志愿者的保障政策包括：提供由组委会统一制发的工作证、工作制服装备、工作期间的餐饮、市内特定区间的免费公共交通服务以及工作期间的人身意外伤害保险。

对大运会志愿者的激励政策包括：颁发大运会志愿服务证书；评选优秀志愿者个人、团体和工作机构，授予荣誉称号；赠予志愿者大运会纪念品。这些保障和激励政策对所有志愿者都是一致的。

组委会志愿者部负责为志愿者提供基本保障（见表 8-7），包括提供注册卡、工作制服装备、工作期间的餐饮、市内特定区间的免费公共交通服务等。此外，场馆、高校也都在各自职责范围内承担了一定的志愿者保障工作。值得一提的是，一些社会公益组织也为志愿者提供了相关服务。

表 8-7　　保障的基本内容

提供单位	保障内容
组委会志愿者部	注册证件、工作制服、工作餐饮、免费交通、岗位标志、志愿者手册、意外伤害附加医疗保险等
各高校	班车、住宿、餐饮等后勤保障，对志愿者在教学课程安排、补课补考方面制定特殊政策
场馆	集群设备、防护用品、工作物资、休息场所
属地区县	按照场馆团队的要求，提供外围保障

激励的必要性主要包含以下几点：

1. 志愿服务的无偿性

由于志愿服务建立在自发、自愿的基础上，所以志愿者提供的服务通常是无偿的。但是，正是由于志愿服务具有这种特点，因此志愿者并不像薪酬人员那样具有约束性。志愿者可以根据自己的意愿，选择留下服务或者离开岗位。因此，组织者必须善于了解志愿者的参与动机，采取有效的激励机制，让志愿者在志愿服务中实现自己的价值，更好地提供志愿服务。

我国大运会志愿者主体为大学生。他们没有社会经历，又多为独生子女。而大运会的特殊性要求志愿者又好又快地完成任务，工作量很大。如：排球场上，6名志愿者要在30分钟内擦完162平方米的赛场；在交通服务岗位上，有志愿者从早晨6点工作到深夜。面对这样辛苦、繁重的工作，必须有配套的激励措施来保证志愿者的服务热情。

2. 志愿者参与动机的多样性

无论哪种志愿服务，由于主观因素的差别，志愿者的参与动机不尽相同。促使学生报名参加大运会志愿服务的原因是多样的：有的是想锻炼自己；有的是想为国家和社会尽一份力；还有的是想观看比赛，和运动员、媒体、来宾接触等。因此，要让这些动机各异的志愿者完成他们的服务工作，就要求组织者从志愿者的不同动机和需求出发，制订相应的激励计划，调动他们的积极性。

3. 志愿者构成人员的多样性

大运会志愿者来自各个省市，这些志愿者的年龄、性别、兴趣爱好等方面各有不同，但是在赛时却要团结在一起完成任务。这就要求场馆建立有效的精神激励，发挥志愿者自身的组织力，加强团队建设，使他们尽快融为一体，提供优质的志愿服务。

志愿者的激励工作，包括对志愿者的精神激励和物质激励两部分，以精神激励为主，物质激励为辅（见表8－8）。

表8－8　　激励的主要内容

<table>
<tr><td>激励方式</td><td colspan="2">激励手段</td></tr>
<tr><td>物质激励</td><td colspan="2">由组委会提供志愿者纪念徽章、志愿者记录册、志愿者服务证书等激励物资</td></tr>
<tr><td rowspan="7">精神激励</td><td rowspan="3">宣传激励</td><td>编发志愿者简报</td></tr>
<tr><td>制作大运会志愿者宣传片、宣传海报</td></tr>
<tr><td>确定大运会志愿者口号“有你、有我、有精彩”</td></tr>
<tr><td rowspan="4">团队激励</td><td>注重自我激励，将个人发展融入团队目标</td></tr>
<tr><td>场馆经理与志愿者之间保持良好关系</td></tr>
<tr><td>在志愿者团队中建立运行支持小组，为志愿者服务，形成志愿者关爱志愿者的良好氛围</td></tr>
<tr><td>编发场馆志愿者服务彩信简报，以短信方式发给全体志愿者</td></tr>
</table>

续前表

激励方式	激励手段	
精神激励	外部激励	服务对象的表扬和尊重
		上级主管的尊重和赞许
		领导到志愿者服务岗位上进行慰问
	表彰激励	赛后评选优秀志愿者个人、团体和工作机构，授予荣誉称号

（三）保障和激励工作的效果与评价

高上岗率：据统计，3 500 名赛会志愿者、500 名礼仪志愿者活跃在 12 个大运会体育场馆、12 所承办赛事的高校、机场、车站、代表团驻地等地方，不辞劳苦、默默奉献，累计服务时间长达 51.2 万余小时，志愿者每日出勤率始终保持在 98%以上。志愿者以极高的热情和效率完成了赛事服务，经受了各类赛事组织服务工作和各类服务群体的全面检验，为赛事的成功举办提供了全面保障。

高满意度：志愿者保障工作的总体满意度很高。

四、志愿者宣传工作

（一）志愿者宣传工作的目标及运行体系

大运会志愿者宣传工作旨在通过媒体和一系列社会宣传活动，面向社会公众宣传志愿精神和大运会志愿服务的意义，介绍大运会志愿者工作的进展情况，提高社会公众知晓率和支持力度，树立大运会志愿者的良好形象，营造大运会志愿服务的良好社会氛围，进而推动中国志愿服务的长远发展。

（二）志愿者宣传工作的运行

1. 发布权威信息，介绍大运会志愿者工作

组委会官方网站成为发布志愿者信息、展示志愿者风采的综合平台。组委会设立了“志愿者风采”“志愿者手记”等多个专题，刊发志愿者消息 500 余条，成为媒体和公众了解志愿者的官方渠道。

2. 展示志愿者风采，激励志愿者

开展大运会志愿者主题口号征集、主题歌曲评选、志愿者手记和志愿者故事征集以及大型晚会等活动，宣传大运会志愿服务。深入挖掘，树立志愿者典型，以点带面，宣传展示志愿者风采。

3. 弘扬志愿精神，推进志愿服务的长远发展

通过开展“迎大运”志愿服务活动，大力开展推广工作，大力宣传志愿精神，推动了志愿服务事业的长远发展。加强志愿服务理念的研究，不断推进天津志愿服务事业的深入发展。

（三）志愿者宣传工作的意义

2012 年第九届全国大学生运动会获得了圆满的成功，大运会志愿服务工作也受到了国内媒体和社会各界的广泛好评。通过大运会志愿者宣传工作，在国内营造了大运会志愿服务的良好社会氛围，树立了大运会志愿者的良好形象，弘扬了志愿精神，推进了志愿服务的长远发展。

第六节　第九届全国大学生运动会志愿者工作项目体系

一、“最美志愿者”评选主题活动

（一）项目概述

2012 年 9 月，中华人民共和国第九届全国大学生运动会在天津开幕，天津电视台文艺频道大型全民演艺活动栏目《当红不让》，在大运会组委会和天津各大高校的鼎力支持下，特别策划大运会“最美志愿者”主题活动季，把目光聚焦到大运会上的大学生志愿者身上，让这道赛场外的亮丽风景线在荧屏闪光。

（二）项目主要任务

第九届全国大学生运动会将有 6 300 余名来自全国各地的大学生运动员和教练员。这不仅是一场运动盛会，更是一次展示天津大学生精神风貌、展现天津这座美丽城市的绝佳时机。本届大运会共有 3 500 名大运会赛会志愿者和 500 名大运会礼仪志愿者，承担大运会开闭幕式服务、代表队引导、颁奖服务、贵宾接待、竞赛服务秩序维护等方面的服务工作。这 4 000 名大运会志愿者，拥有着 4 000 个关注大运会的独特视角，拥有着 4 000 个有关青春和梦想的故事，也拥有着 4 000 份对天津的深深情感。所以，天津电视台文艺频道《当红不让》特别聚焦大运会志愿者，展现大运会志愿者和天津大学生的青春活力，展现美丽天津经济、文化、教育等多方面的发展成就。同时，也为即将到来的第九届全国大学生运动会预热宣传，力求让这个大运会赛场之外的“比赛”精彩动人。

（三）项目实施情况

“最美志愿者”评选活动将美丽的舞台搭建在海河岸边，背靠天津地标性建筑津湾广场，登上舞台的大运会志愿者们纷纷发出了“喝海河水，爱天津人”的美丽宣言。曾在网络蹿红、“救人不留名”的憨厚哥也助力此次活动，现场求票，带给大运会志愿者意外惊喜。这次活动还特别打造了“魔鬼训练营”环节，各种突发状况考验着大运会志愿者们的应变能力。“篮球被观众接到，要求收藏怎么办?”“面对计分器突然归零，又该如何?”“比赛结束，有小朋友走丢，怎样处理?”……魔鬼训练营让这一个个高难度问题变成了“突发现场模拟考”。志愿者们在不知情的情况下，接受着“刁难”和考验。

选拔志愿者最关键的是形象、口才和应变能力。志愿者们将发挥自己的口才，加入“最美辩论赛”。台上辩得激情迸发，志愿者没有最美只有更美，每一位大运会志愿者都是最棒的。

（四）项目价值

“最美志愿者”评选主题活动彰显了很大的精神价值。“最美志愿者”活动能够让更多的人关注大运会、关注天津，让更多的大运会志愿者走上这座最美的舞台。“最美志愿者”的当选者在大运会期间、在不同志愿岗位上发生的故事将会展现荧屏，为更多的人带来大运会赛场之外的感动与期待。

二、“迎大运”志愿服务项目

（一）项目概述

“迎大运”志愿服务项目是在大运会筹备过程中，营造全民迎大运的浓厚社会氛围，动员广大市民广泛参与的、形式多样的志愿服务活动。

（二）项目主要任务

“迎大运”志愿服务项目旨在普及运动知识和志愿服务理念，提升公众的认知水平和参与热情；引导市民、社会团体、企事业单位及各界人士关注、支持和参与志愿服务事业，促进个人发展与关心他人、奉献社会的有机结合；提高市民志愿服务水平，建立广泛的群众志愿活动的参与机制；提升市民的文明素质，全面塑造和展示天津的新形象，推动社会的和谐发展。

（三）项目实施情况

在学雷锋日和中国青年志愿者服务日，启动志愿服务迎大运活动，以“志愿服务迎接大运会”为主题，组织和动员广大市民积极参与“迎大运”志愿服务项目，在全社会弘扬“奉献、友爱、互助、进步”的志愿精神。

通过组织义务宣讲、演说论坛和课堂教学等系列活动，利用各种传媒，传播大运会文化，普及大运会知识，推广志愿服务理念，倡导志愿服务精神。采取多种方式积极引导社会公众到公益机构、街道社区等开展环境保护、科学普及、社会公益等志愿服务活动，实现参加志愿服务与迎接大运会的有机结合。

利用大运会倒计时的重要时间节点举行“志愿者迎大运”主题活动，

在社会持续掀起参与大运会志愿服务热潮。通过设立志愿者主题论坛、开通志愿者网站等活动，开展志愿者交流活动，建立志愿者之间交流与共享的常设平台。

（四）项目价值

通过“迎大运”志愿服务项目的实践，培养和锻炼了一支专业的志愿者服务队伍。营造了全民迎大运的浓厚社会氛围，调动了公众参与志愿服务的积极性。

三、组委会前期志愿者项目

（一）项目概述

组委会前期志愿者项目是指在大运会筹备阶段，经过公开招募选拔，参与组委会的日常工作或专项活动，义务为组委会提供服务的人员。组委会前期志愿者项目由组委会志愿者部负责。

（二）项目主要任务

组委会前期志愿者项目旨在吸纳一定数量的志愿者参与组委会的日常工作，并通过开展组委会前期志愿者的宣传、招募、培训、日常管理、评价激励等系列工作，积累相关经验，为大运会志愿者工作的成功开展奠定良好基础。

（三）项目实施情况

前期志愿者项目与其他志愿者项目有许多不同：一是项目时间跨度长，二是前期志愿者大多从事综合性、辅助性的行政事务工作，三是服务形式比较灵活。

大运会组委会负责向志愿者部提供前期志愿者的岗位需求和任职要求，接受符合条件的志愿者通过志愿者部的指派来组委会上岗工作，并为志愿者安排适当工作任务，介绍相关工作情况和要求，提供有利于志愿者完成工作任务必要的工作条件，根据大运会组委会的工作制度和实际需要对志愿者的工作进行督导、指挥、组织和协调，对志愿者工作绩效进行评价和控制。志愿者部对志愿者进行登记注册并进行管理，通过测试选拔，指派符合条件的志愿者到组委会指定的岗位工作，在组委会配合下对志愿者进行上岗培训，在组委会的建议和支持下向志愿者发放相关补助并进行奖惩，同时委托组委会为志愿者安排适当工作任务并进行日常工作管理。志愿者通过志愿者部组织的测试后，履行相关手续，登记注册，接受组委会提出的工作要求和工作安排，服从组委会日常工作管理，自愿遵守组委会各项工作制度，为大运会组委会提供志愿服务。

组委会前期志愿者项目的服务内容包括：(1) 综合行政助理工作。具体工作包括文档资料管理、教材校对、公文流转、会务服务、日常统计、办公物品发放等。(2) 电话咨询、信件回复。具体工作包括向咨询者解答有关大运会综合信息、志愿者招募信息、市场开发的政策，热心为赞助商提供联络等服务。此外还包括大运会宣讲、语言服务和资料翻译、信息录入、技术支持等。

(四) 项目价值

前期志愿者项目自启动以来，彰显了巨大的社会价值和经济价值。前期志愿者的直接影响群体（学校、家庭、朋友、媒体）超过上千人，对公众了解大运会的筹办进程、拉近政府和公众在筹办过程中的距离以及推动志愿精神的传播与推广，起到了积极作用。此外，启动前期志愿者项目也为大运会筹办节省了大量经费。

四、大运会赛会志愿者项目

(一) 项目概述

大运会赛会志愿者是指由大运会组委会组织招募，接受组委会管理，需要制发大运会身份注册卡，赛会期间承担相应岗位职责，在组委会指定的时间和岗位工作，义务为大运会服务的志愿者。

(二) 项目主要任务

大运会赛会志愿者项目旨在通过组建一支规模宏大、参与面广、代表性强、服务水平高的志愿者队伍，为大运会提供“有特色、高水平”的志愿服务。同时，通过招募宣传和动员活动，营造全民参与大运会、服务大运会的浓厚社会氛围，促进志愿服务事业发展，为构建社会主义和谐社会做出积极的贡献。

(三) 项目实施情况

大运会赛会志愿者报名工作于 2011 年 11 月正式启动，接受天津地区高校学生的报名申请。在志愿者招募阶段，组委会志愿者部利用共青团组织化动员和社会化动员相结合的工作优势，双管齐下，一方面组织各高校团委、青年志愿者协会做好校内志愿者招募宣传和本校报名志愿者的管理工作，引导、凝聚广大青年关注大运会、参与大运会；另一方面通过《天津日报》、新华网、大运会官网、天津青年志愿者网等各大媒体向全市公布招募信息，加强对志愿服务工作的宣传，不断激发大学生参与志愿服务的热情。同时，专门聘请专业网站公司的技术人员，依托天津青年志愿者网站，分别设计、制作了志愿者网上报名系统，为志愿者提供 24 小时报名服务。天津青年学生热情高涨，积极参与，12 万余名大学生报名参加大运会，报名者遍布天津各个高校，创造了天津大型赛会志愿者报名人数的新高。通过严格的笔试、面试考核环节，3 500 名形象气质佳、综合素质高、专业技能强的学生成为大运会的赛会志愿者。

与此同时，志愿者的培训工作也在进行。志愿者的培训工作是大运会志愿者工作的重要组成部分，是实现提供高水平的志愿服务目标的重要保障。为了保证每名志愿者都能顺利完成工作任务，志愿者部认真研究志愿者培训方案，整合社会培训资源、撰写培训教材，分类别、分层次、有计划、有重点地推进志愿者培训工作。组织召开了大运会志愿者培训动员大会，对 3 500 名大运会赛会志愿者进行了志愿服务基本精神、服务礼仪等方面的通用培训；协调组委会各办事机构开展志愿者岗位培训，使志愿者掌握岗位细则和工作流程；协调天津市礼仪协会、天津航空等方面的专业礼仪培训教师，对重点岗位的礼仪志愿者开展礼仪专项培训工作；通过组织模拟演练、测试赛等形式，对志愿者进行实际服务场景训练，进一步提高志愿者的综合素质和服务能力，打造了一支高水平的志愿服务队伍。为了巩固培训效果，志愿者部专门组织志愿服务、心理等方面的专家，编写印制了大运会志愿者培训教材，使志愿者通过自学强化培训成果，真正成为政治可靠、训练有素、服务高效的志愿者。

在大运会最核心的竞赛服务工作中，1 300 余名志愿者在检录、捡球、擦地、成绩记录、器材管理等平凡却重要的岗位上辛勤工作，用专业、严谨、规范的服务，确保了赛场的秩序井然和竞赛过程的有条不紊；900 余名志愿者进驻海河教育园区，连续奋战近 15 个工作日，确保了乒乓球和田径赛事的圆满顺利；400 余名志愿者作为随队接待员，全程陪同各代表队参与各项活动，用自己热情周到的服务带给运动员宾至如归的温暖；50 余名志愿者督导教师助理作为志愿者的组长，协助组委会和各校老师完成了志愿者管理、信息汇集、反馈等多项沟通协调的工作，成为志愿者组织中不可或缺的纽带和桥梁。大运会有近 2 000 名志愿者，工作在场馆运行、安全保障、信息技术支持、后勤接待等工作岗位上，工作枯燥、繁重，没有机会看到比赛，但志愿者们用高标准高质量的服务工作，保障了大运会各项工作的顺利开展。

（四）项目价值

大运会期间，广大赛会志愿者圆满完成赛时服务任务，为大运会的成功举办提供了坚实基础。同时，志愿者以充满自信的微笑、高效率的工作、礼貌友善的态度向来自各个地区的贵宾、运动员、工作人员和游客展示了当代青年的良好形象。更重要的是，大运会为志愿者提供了令人瞩目的平台，通过大运会，志愿者的形象得到了提升，志愿者的行为得到了社会的广泛认可。一批高素质、能力强的志愿者通过大运会志愿服务脱颖而出，成为推进志愿者服务事业发展的中坚力量。

第七节 第九届全国大学生运动会志愿者工作经验

一、发挥共青团组织和高校在志愿者工作中的作用

在大运会志愿者工作中，大运会组委会志愿者部是最高管理机构，履行大运会志愿服务工作的总体统筹、统一指挥和综合协调职责，具体工作开展主要依托共青团天津市委。共青团天津市委充分发挥体制优势，最大限度地整合资源力量，展开最广泛的社会动员，圆满地完成了各项工作任务。在横向维度上，共青团天津市委依托组委会，积极协调各单位支持志愿者工作。在纵向维度上，共青团天津市委对上建立了与天津市有关单位的良好合作关系，对下建立了与高校、场馆之间的运行体系和工作机制，形成了稳定、顺畅的关系。

同时，作为志愿者的主要来源单位，天津高校在志愿者的招募、选拔、培训、管理和保障等方面发挥了极其重要的作用。

大运会的场馆主要建在高校或其周边，通过场馆对接的方式，让高校承担赛会志愿者工作任务，可以有效地发挥高校的人力资源优势和后勤保障优势，为大运会提供高质量的服务。同时，高校借助承担志愿者工作的机会，积极引导大学生受教育、长才干、做贡献，实现育人目标。

大运会期间，各高校积极协调教学、后勤、学生工作等相关部门，为志愿者的培训、食宿、医疗、交通、管理、激励等提供了坚实有力的保障。各高校按照“以竞赛为中心，以场馆为基础，以属地为保障”这一基本运行模式的要求，积极主动配合场馆团队开展工作，很好地承担起了志愿者工作。实践证明，馆校对接机制在大运会志愿者工作上取得了巨大成功，是大运会志愿者工作中的一大亮点。

二、科学有效的志愿者管理体制

1. 志愿者招募：自愿报名、广泛参与和依托组织体系招募相结合

根据志愿者招募工作的原则，在社会各界广泛参与、自愿报名的基础

上，赛会志愿者招募工作注重发挥组织体制优势，在大运会志愿者部的统一领导下，构建以共青团组织为基础、各相关部门共同参与、覆盖各个领域的招募工作体系和完善的工作机制。

2. 志愿者培训：以点带面，发挥骨干志愿者的带头作用

志愿者部在开展培训工作时，分阶段、分类别进行培训。但本届大运会志愿者的来源不同、教育背景不同、对志愿服务的理解存在差异，很难保证大面积的统一培训能带来良好的效果，因此，志愿者部特别注重对骨干志愿者的培训。通过充分发挥骨干志愿者的作用，带动更广大的志愿者群体积极学习服务本领，投身志愿服务工作。

3. 志愿者保障和激励：发挥团队的作用

大运会尤其注重场馆团队在保障和激励方面的重要作用。志愿者部向各场馆团队预拨经费，作为场馆团队开展个性化的保障激励和应急保障的经费。如：建立“志愿者之家”，为志愿者提供温馨的服务，给志愿者以归属感。

第八节　第九届全国大学生运动会志愿者工作价值

一、经济价值

据统计，大运会期间，各类志愿者累计服务时间超过 51.2 万小时，2012 年天津市职工年平均工资为 46 464 元，如果以此为标准，将大运会各类志愿者的服务时间折合成工资，为 825.6 万元①。

大运会志愿者工作培养和锻炼了一支由 4 000 名志愿者组成的专业化志愿者队伍，培养了一批素质高、能力强的志愿者工作领导人才和骨干，为经济社会发展积淀下了厚重的人力资本。

二、社会价值

1. 倡导社会公益理念，提升了公众对志愿精神的认同

大运会志愿服务广泛传播了志愿精神和志愿文化，提升了社会公众对

① 按照天津市人力资源和社会保障局公布的 2012 年度天津市职工年平均工资为 46 464 元，月平均工资为 3 872 元，折合计算天津市日平均工资为 129 元，按每天工作 8 小时计算，每小时工资为 16.125 元。

志愿者、志愿服务的认同。大运会期间，在志愿者的示范带动下，志愿服务蔚然成风。通过访谈与调查，能够发现社会公众非常认同志愿者和志愿服务，志愿精神也得到了很好的保存。

2. 促进了互助、友爱等社会价值的实现，提升了城市文明程度

在大运会志愿者服务过程中，全体志愿者以发自内心、自觉自愿、服务社会、充实自我的“愿动力”为共识，弘扬志愿精神，推动和谐理念深入人心，不仅提升了自身的社会责任感和道德意识，还促进了互助、友爱等社会价值的实现。

在对社会公众的调查中，很多居民感觉大运会之后，公众的社会公德有所提升，不论是在银行、商店，还是在公交站台，人们都能够自觉排队、维护秩序，礼仪谦让的观念有所增强；在地铁和公交车等公共交通工具上，为老弱病残孕让座的现象明显增多。

三、人文价值

1. 大运会志愿者工作彰显了“以人为本”的理念

大运会的核心理念是以人为本。大运会志愿者工作倡导“服务、尊重、发展”的理念，将“以人为本”的理念贯穿到工作中的各个领域。首先，表现出对志愿者的尊重。尊重志愿者的参与意愿，为他们提供全面的工作保障，重视对他们的精神激励，激发和保持他们的工作热情，努力让每一个志愿者获得发展。其次，在志愿服务过程中，倡导对服务对象的尊重。努力做到以最短的时间响应服务对象的需求，以最礼貌的方式接受服务对象的问询，以最负责的态度解决服务对象的问题，以最优质的服务让每个服务对象满意。

2. 实践了志愿精神，促进了志愿者的身心发展

大运会志愿服务促进了志愿者的身心发展，在大运会志愿服务实践中，广大志愿者的收获主要是：丰富了阅历，增长了才干；加深了对志愿服务的理解和认同，学习了道德规范；拓宽了社会交往范围；赢得了社会尊重，增强了自信。

四、精神价值

1. 形成了宝贵的志愿精神

大运会志愿者工作把激发广大大运会志愿者的工作热情、奉献精神作为重要推进力量，组织动员志愿者积极参与大运会志愿服务事业，以热忱的服务、真诚的微笑，汇聚起强大的动力，形成了以“敢当重任、开放自

信、团结友爱、无私奉献”为主要内容的志愿精神。

大运会志愿精神是志愿者在全面投身大运会志愿服务工作中所形成的宝贵精神财富，是推进中国志愿服务事业长期深入开展的内在动力和有力支撑。

2. 微笑理念深入人心

“志愿者的微笑是最好的名片。”大运会期间，广泛传播微笑理念，使微笑成为天津的城市表情。“微笑”传递热情、友善，传承中华传统文化中的“和”，彰显了关爱与和谐；同时，“微笑”融入世界眼光下的“合”，体现了开放与包容。传统美德、人本理念、开放胸襟、自信情怀，都体现在了志愿者的微笑中。

附录
大型活动志愿服务管理规范

（北京市地方标准　DB11/T　1393—2017）

前　言

本标准按照 GB/T 1.1—2009 给出的规则起草。

本标准由共青团北京市委员会提出并归口。

本标准起草单位：共青团北京市委员会、北京市志愿服务联合会、北京市志愿服务指导中心、北京志愿服务发展研究会、北京志愿服务基金会、北京工业大学。

本标准由共青团北京市委员会、北京市志愿服务联合会组织实施。

本标准主要起草人：郭新保、任炜、张晓红、陈炳具、王赢、陈光、王欣、王虎、肖树生、高琪、刘赢、朱丛琳、曹仕涛、王杰、江洲。

大型活动志愿服务管理规范

1. 范围

本标准规定了大型活动志愿服务的筹备规划、招募录用、培训提升、运行管理、保障激励、成果转化等管理要求。

本标准适用于在北京地区举办的大型活动志愿服务管理。

2. 规范性引用文件

下列文件对于本文件的应用是必不可少的。凡是注日期的引用文件，仅所注日期的版本适用于本文件。凡是不注日期的引用文件，其最新版本（包括所有的修改单）适用于本文件。

GB/T 31598—2015　大型活动可持续性管理体系要求及使用指南

3. 术语和定义

GB/T 31598—2015 界定的以及下列术语和定义适用于本文件。

3.1　大型活动志愿服务 volunteer service in large-scale activities

在举办赛事、会议、庆典、会展、演出等大型活动过程中，组织动员志愿者提供志愿服务。

3.2　大型活动组织者 event organizer

发起和（或）管理整个大型活动或大型活动某方面的实体。

[GB/T 31598—2015，定义 3.10]

3.3　志愿者部门 volunteer department

对大型活动组织者负责，统筹协调并组织志愿者参与大型活动志愿服务的机构。

3.4　志愿者使用部门 user departments of volunteer service

直接使用、管理志愿者服务于大型活动的大型活动组织者下设机构。

3.5　志愿者来源单位 home institutions of volunteers

志愿者所在单位或机构。

3.6　人员点计划 plan of volunteer service posts

完成一项大型活动所需要的志愿服务工作点位规划。

3.7　人员计划 plan of volunteer recruitment

服务于大型活动的志愿者的岗位、职责和数量的规划。

3.8　人员计划数 number of volunteers

计划服务于大型活动的全部志愿者人数总和。

4. 筹备规划

4.1　筹备规划原则

4.1.1　统筹原则，应统筹考虑，涉及全过程，其内容应全面覆盖大型活动志愿服务工作。

4.1.2　充分原则，应充分考虑大型活动组织规模、规格等级、服务需求、服务对象等因素。

4.1.3　保证原则，应确保大型活动志愿服务人力资源充足，统筹考虑志愿者岗位调整及可能出现的流失等情况。

4.1.4　兼顾原则，应兼顾大型活动顺利进行、志愿者个人成长及志愿服务事业发展。

4.2　筹备规划目标

4.2.1　统筹协调大型活动志愿服务工作，确保志愿服务工作按照时间节点、工作任务有序推进。

4.2.2　合理配置人力、财力、物力等资源。

4.2.3　提高志愿服务工作效率。

4.2.4　助推社会志愿服务事业发展。

4.3　筹备规划工作内容

4.3.1　确定统筹、管理志愿者工作的机制，包括但不限于：

——确定志愿服务项目运行的主责方，成立志愿者部门；

——明确志愿者部门工作职责；

——建立志愿服务工作各相关方协调机制。

4.3.2　确定大型活动志愿服务总体规划，包括但不限于：

——总目标、工作原则以及具体工作任务；

——组织协调管理机构的组成、框架、职责及人员配备；

——任务分解及时间进度计划；

——根据具体需求确定经费来源；

——制定宣传方案。

4.3.3　确定志愿者通用政策，包括但不限于：

——志愿者的基本条件、权利和义务；

——志愿者招募选拔的主要工作及时间节点；

——志愿者服务领域、基本岗位设置及服务时间；

——志愿者培训的内容和要求；

——志愿者保障激励基本内容；

——志愿者考核表彰。

5. 招募录用

5.1　招募录用原则

5.1.1　提前原则，大型活动组织者应至少在大型活动运行期 10 个工作日前提出志愿者需求信息。

5.1.2　匹配原则，应考虑志愿者岗位需求与志愿者自身条件的关系，包括但不限于文化背景、身体条件、知识水平等。

5.1.3　保护原则，不适宜志愿者服务的岗位，包括但不限于以营利为目的、重大管理责任、存在人身伤害风险或处于危险工作环境、重体力劳动等。

5.2　招募录用方式

5.2.1　定向招募

采用定向方式向企事业单位、社会组织等单位或机构招募志愿者。

5.2.2　非定向招募

通过公开方式面向社会招募志愿者。

5.3　招募录用职责

5.3.1　大型活动组织者职责包括但不限于：

——提出志愿服务需求和保障；

——与志愿者部门确定志愿服务需求和保障。

5.3.2　志愿者部门职责包括但不限于：

——确定志愿者招募需求，制定志愿者招募方案；

——发布志愿服务项目并管理招募信息；

——组织志愿者在“志愿北京”平台实名注册；

——对报名的志愿者进行选拔，向大型活动组织者告知并确认招募录用结果；

——必要时与被录用志愿者签订服务承诺书；

——对招募工作开展评估。

5.3.3　志愿者来源单位职责包括但不限于：

——协助开展志愿者招募工作；

——推荐优秀志愿者。

5.3.4　志愿者使用部门职责包括但不限于：

——参与志愿者招募选拔工作；

——确定拟录用志愿者。

5.4　招募录用流程

招募流程见附录 A。

5.5　招募录用工作内容

5.5.1　招募准备

5.5.1.1　大型活动组织者提供的大型活动志愿服务岗位需求表见附录 B。

5.5.1.2　大型活动组织者应为招募各环节提供必要的保障，包括但不限于：

——人力保障；

——经费保障；

——物资保障。

5.5.1.3　志愿者部门根据大型活动组织者提供的志愿者需求和保障方案，制定招募方案，方案内容应包括但不限于：

——招募志愿者参与志愿服务的目的和意义；
——招募方式；
——负责招募的单位工作职责；
——志愿服务岗位的招募数量、条件；
——各阶段工作方案及时间推进计划；
——保障需求及经费预算。

5.5.1.4　各招募参与单位经志愿者部门授权后，按照招募方案、责任分工开展招募工作。

5.5.2　招募信息发布

招募信息的内容应包括但不限于：
——活动的目的及意义；
——招募方式；
——招募数量和条件；
——招募的时间节点；
——志愿者的权利、义务；
——报名的途径与方式。

5.5.3　选拔录用

5.5.3.1　志愿者招募单位应根据各岗位特点，由志愿者部门、志愿者使用部门、志愿者来源单位以及岗位业务相关专业人员共同对报名者进行遴选。

5.5.3.2　应根据志愿者岗位描述，采取面试、笔试、情景模拟等方式选拔志愿者，必要时可进行水平测试。

5.5.3.3　选拔结束后将录用结果告知报名的志愿者。录用结果的通知方式包括但不限于：公开公布名单；采用电话、短信、电子邮件、微信等方式；通过志愿者来源单位通知。

5.5.4　招募信息管理

志愿者部门应为录用的志愿者建立信息档案并管理，应符合以下要求：
——档案内容包括但不限于志愿者个人信息、服务场所、岗位、服务时间；
——志愿者档案应妥善保管并注意保密；
——档案管理及相关数据分析应纳入成果转化工作。

6. 培训提升

6.1　培训原则

6.1.1　实用原则，培训内容应具有针对性、实效性，以确保受训人员能够按照要求完成岗位服务。

6.1.2　可调原则，根据不同培训对象的特点、实际情况的需要等因素，及时调整培训内容、方式等。

6.2　培训目标

培训目标包括但不限于：

——提高志愿者服务水平；

——提高志愿者的专业技能；

——提升志愿者综合素质；

——满足服务需求；

——传播志愿精神。

6.3　培训分工

6.3.1　大型活动组织者职责应包括但不限于：

——提供培训的必要保障；

——与志愿者部门确定培训内容。

6.3.2　志愿者部门职责应包括但不限于：

——与大型活动组织者协商确认培训内容和保障；

——向大型活动组织者、志愿者来源单位确认并告知培训安排；

——组织实施培训；

——对培训进行评估；

——将志愿者培训时间纳入志愿服务记录。

6.3.3　志愿者来源单位职责应包括但不限于：

——发布培训信息；

——配合志愿者部门开展培训工作。

6.4　培训内容

6.4.1　通用培训的内容应包括但不限于：

——志愿服务的基本概念、意义和价值；

——志愿者的权利、义务；

——志愿者所需的应急常识、心理知识、团队精神、礼仪规范等基本知识；

——举办地区的介绍，包括地区概况、文化、历史、交通等；

——大型活动的基本情况；

——大型活动组织者组织结构、工作分工等；

——活动举办场所及周边基本情况。

6.4.2　专业培训的内容应包括但不限于：

——完成岗位所需的专业知识与技能；

——对志愿者自身已掌握相关专业知识与技能的进一步强化。

6.4.3　岗位培训的内容应包括但不限于：

——岗位职责、工作任务、服务流程、操作规范、工作技巧等；

——工作区域及周边环境踏勘；

——岗位演练。

6.5　培训流程

培训流程见附录 C。

6.6　培训工作内容

6.6.1　培训策划

6.6.1.1　根据工作方案，志愿者部门需进行培训策划，其内容应包括但不限于：

——培训的目的、意义；

——培训课程的设计，包括课程内容、师资、课时、教法、教材、课件、教学网站及题库等，培训课程设计应形式多样；

——培训方式、培训时间、培训地点；

——拟采用的培训教材、课件以及师资选择；

——参与培训的单位的工作分工。

6.6.1.2　志愿者部门应根据培训活动的策划，授权培训单位和志愿者来源单位开展培训工作。

6.6.2　培训保障

6.6.2.1　志愿者部门与大型活动组织者应根据培训要求确定培训的实施环节和保障。

6.6.2.2　大型活动组织者提供的保障应包括但不限于：

——培训工作必要的人力、经费、物资等；

——志愿者保险、交通、食宿等；

——岗位演练的工作装备和实践基地。

6.6.3　培训实施

6.6.3.1　组织培训应满足以下要求：

——志愿者部门主责志愿者培训；

——培训对象应包括但不限于：大型活动组织者的志愿者部门人员、被录用志愿者、志愿者使用方志愿者工作负责人、志愿者来源单位负责人；

——培训工作应与成果转化工作结合；

——培训资源应力求可重复利用。

6.6.3.2　培训实施环节应包括但不限于：

——培训策划方案的落实；

——对参与培训人员必要的管理。

6.6.4 培训评估

6.6.4.1 志愿者部门负责培训评估工作。

6.6.4.2 培训评估内容应包括但不限于：

——培训应进行全过程评估，包括培训过程中各阶段培训的设计、安排、效果等；

——对培训师资、教材、教法进行评估；

——培训各环节组织管理工作的评估，包括人员及责任落实、物资及保障到位、培训人员参与情况及受训表现等；

——培训结束前培训组织单位应对参与人员进行培训效果抽样调查，包括受训人员、讲师、培训组织人员等；

——组织者自培训开始至服务结束，应结合培训、岗位服务等环节，对受训人员进行考核，完成培训目标达成情况评估。

7. 运行管理

7.1 运行管理原则

7.1.1 管理原则，大型活动组织者各部门应遵循“谁使用、谁管理、谁负责”的原则，履行志愿者管理职责。

7.1.2 尊重原则，应树立“以志愿者为本”的理念，尊重志愿者，保护志愿者的合法权益。

7.2 运行管理目标

运行管理目标包括但不限于：

——提供优质、高效的志愿服务；

——保障志愿服务工作的顺利运行。

7.3 运行管理职责

7.3.1 大型活动组织者职责包括但不限于：

——为志愿者管理提供支持；

——保护志愿者权益。

7.3.2 志愿者部门职责包括但不限于：

——确定志愿者管理的要求、程序、规章、制度；

——协调志愿者管理工作，建立志愿者之家、成立党团组织等。

7.3.3 志愿者来源单位职责包括但不限于：

——协助志愿者管理工作的开展；

——提供相应的志愿者保障。

7.4　运行管理工作内容

7.4.1　大型活动组织者应做好应急及风险管理工作，要点包括但不限于：

——建立应急与风险管理机制；

——对可能出现的突发状况和风险进行预判；

——制定应急预案；

——及时排除安全隐患、化解风险。

7.4.2　志愿者部门负责志愿者督导工作，要点包括但不限于：

——建立志愿者工作督导机制；

——组建志愿者督导队伍；

——对志愿者工作提供及时、有效的指导与帮助。

7.4.3　志愿者使用部门负责志愿者的岗位及时间安排，要点包括但不限于：

——制定并落实志愿者排班计划，做好志愿者考勤；

——根据工作内容，安排志愿者轮岗、轮休；

——出现志愿者上岗异常情况，应与志愿者部门保持沟通。

7.4.4　志愿者部门负责志愿者组织党团组织建设工作，要点包括但不限于：

——建立党团组织；

——发挥党员、团员的示范带头作用。

8. 保障激励

8.1　保障激励原则

8.1.1　覆盖原则，保障和激励应覆盖所有志愿者。

8.1.2　全程原则，保障和激励应覆盖志愿者工作全过程。

8.1.3　节俭原则，保障和激励应坚持节俭。

8.2　保障激励目标

8.2.1　保护志愿者的合法权益。

8.2.2　保障志愿服务对象和第三方的正当权益。

8.2.3　调动志愿者积极性，强化志愿者队伍的稳定性。

8.3　保障激励职责

8.3.1　大型活动组织者职责应包括但不限于：

——督促志愿者部门提出保障和激励的需求；

——与志愿者部门确定保障和激励方案；

——落实志愿者保障和激励工作。

8.3.2　志愿者部门职责应包括但不限于：
——提出保障和激励需求；
——与大型活动组织者确定保障和激励方案；
——落实志愿者保障和激励工作，及时向大型活动组织者反馈落实情况。
8.3.3　志愿者来源单位职责应包括但不限于：
——协助志愿者部门开展保障和激励工作；
——做好本单位志愿者的保障和激励工作。
8.4　保障激励工作内容
8.4.1　保障工作的内容
8.4.1.1　服装保障，应包括但不限于：
——服装应及时准确发放；
——应考虑服装调换的便利性；
——明确出现服装损坏、污毁、丢失等情况时的处理办法。
8.4.1.2　证件保障，应包括但不限于：
——证件的制作、发放时应确保证件信息正确无误；
——证件的发放应及时准确；
——证件权限应与志愿者岗位职责相匹配；
——明确证件遗失等突发情况时的处理办法。
8.4.1.3　餐饮保障，应包括但不限于：
——应明确餐饮提供的时段、地点；
——应考虑用餐者的特殊需求；
——应注重做好食品安全工作。
8.4.1.4　保险和医疗保障，应包括但不限于：
——落实实名注册志愿者保险，做好保险理赔工作；
——应明确志愿者医疗保障处置办法。
8.4.1.5　交通保障，应包括但不限于：
——应明确交通服务的提供时段、范围和方式；
——应明确对交通有特殊需求的志愿者的解决办法。
8.4.1.6　场所保障，应包括但不限于：
——提供固定场所，建立志愿者之家，供志愿者轮岗、休息及开展活动；
——场所内配备必要的技术装备、设施及物资等。
8.4.2　激励工作的内容
8.4.2.1　志愿服务证明，应包括但不限于：
——应及时准确发放；

——应清晰反映志愿者参与活动的实际情况。

8.4.2.2　宣传报道，应包括但不限于：

——应贯穿志愿服务全过程；

——应及时有效收集、宣传志愿者的典型事迹；

——应明确宣传口径及纪律要求。

8.4.2.3　志愿者激励品，应包括但不限于：

——激励品设计制作宜在大型活动开始前完成；

——应明确激励品的发放范围、渠道等；

——鼓励大型活动组织者开发激励物资。

8.4.2.4　评比表彰，应包括但不限于：

——应明确评比表彰的申报环节、表彰形式等；

——及时发布评比表彰结果，并颁发证书。

9. 成果转化

9.1　成果转化原则

9.1.1　应提早准备、全过程实施。

9.1.2　应坚持理论与实践相结合。

9.2　成果转化目标

9.2.1　形成大型活动志愿服务总结报告及档案。

9.2.2　形成可供大型活动志愿服务工作借鉴的成果。

9.2.3　为未来大型活动志愿服务储备人力资源。

9.3　成果转化职责

9.3.1　大型活动组织者职责包括但不限于：

——确定成果转化方案；

——为成果转化提供支持。

9.3.2　志愿者部门职责包括但不限于：

——确定成果转化的要求和内容等；

——落实成果转化工作；

——建立档案。

9.3.3　志愿者来源单位职责包括但不限于：

——协助成果转化工作的开展；

——做好本单位的成果转化工作。

9.4　成果转化工作内容

9.4.1　工作总结及评估，包括但不限于：

——工作实际情况、重要事项等具体描述、关键数据、效果评估及原因分析等；

——总结工作、经验和人才队伍建设；

——总结重大事件。

9.4.2　档案工作，包括但不限于：

——总体方案；

——岗位分布及工作任务；

——志愿者基本信息表及相关影像资料；

——实物。

附录 A
（规范性附录）
招募流程图

图 A－1 给出了志愿者招募流程。

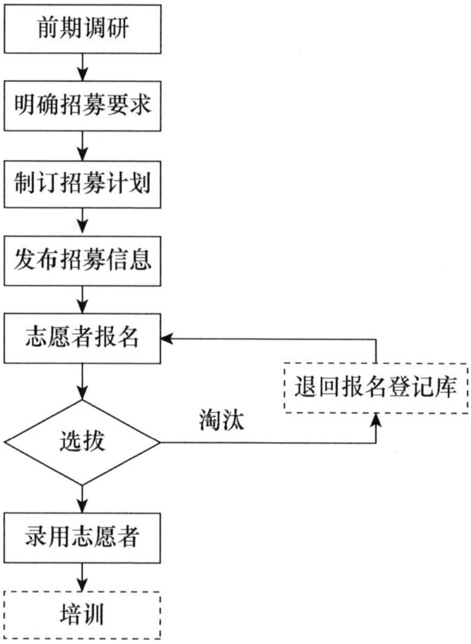

图 A－1　招募流程

注：图中虚框表示与招募流程相关的其他工作。

附录 B
（规范性附录）
岗位需求表

表 B－1 给出了志愿者岗位需求表。

表 B－1　　岗位需求表

岗位编码：

<table>
<tr><td>中文岗位名称</td><td></td><td>中文岗位简称</td><td></td></tr>
<tr><td>英文岗位名称</td><td></td><td>英文岗位简称</td><td></td></tr>
<tr><td>大型活动组织者</td><td></td><td>志愿者使用部门</td><td></td></tr>
<tr><td>人员计划数</td><td></td><td>志愿者类型</td><td>□通用志愿者
□专业志愿者</td></tr>
<tr><td>工作层级</td><td>□主管　□组长
□助理　□员</td><td>英文工作层级</td><td></td></tr>
<tr><td>准入区域</td><td colspan="3">此处为通行权限</td></tr>
<tr><td colspan="4">基本要求</td></tr>
<tr><td>语种要求</td><td></td><td>水平要求</td><td></td></tr>
<tr><td>岗位职责</td><td colspan="3"></td></tr>
<tr><td>其他招募条件</td><td colspan="3"></td></tr>
<tr><td colspan="4">备注：人员点计划请在另附图纸上标明。</td></tr>
</table>

制表单位　　　　　　　　　　　　　　　制表时间：　年　月　日

附录 C
（规范性附录）
培训流程图

图 C-1 给出了志愿者培训流程。

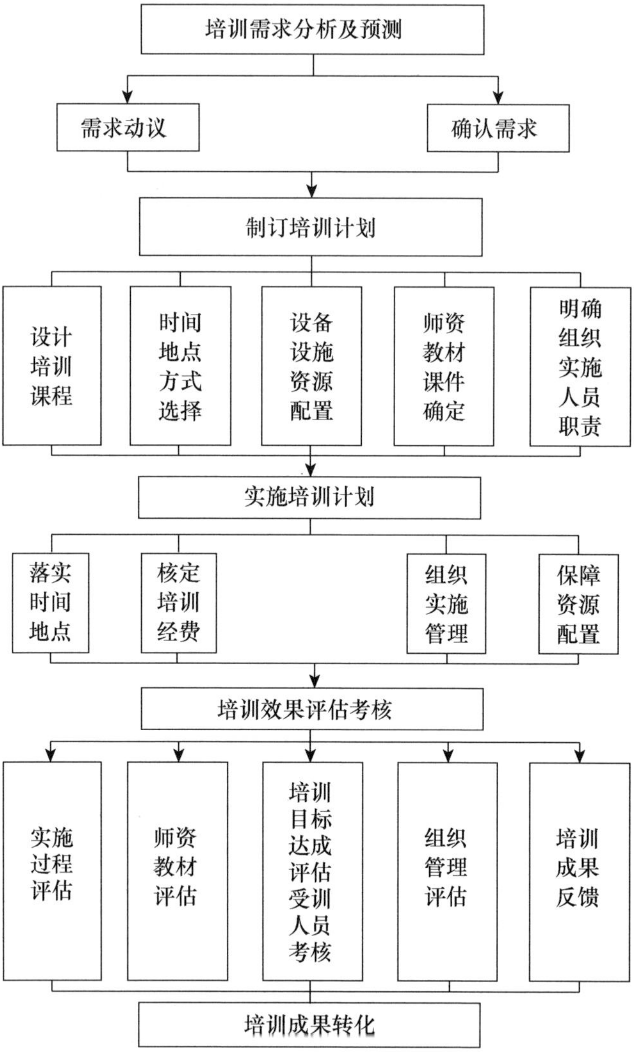

图 C-1　培训流程图

参考文献

[1] 北京市大型社会活动安全管理条例　2005-09-09　北京市人民代表大会常务委员会

[2] 北京市志愿服务促进条例　2007-09-14　北京市第十二届人民代表大会

[3] 关于进一步加强和改进志愿者工作的意见　2009-03-21　中共北京市委、北京市人民政府

[4] 北京市志愿者管理办法（试行）　2010-10-30　北京市人民政府

[5] 中国注册志愿者管理办法　2013-11　共青团中央

[6] 关于推进志愿服务制度化的意见　2014-02-19　中央精神文明建设指导委员会

[7] 中国志愿服务大辞典　2014-09　北京志愿服务发展研究会

[8] 大型活动志愿服务的组织与管理　2014-11　北京志愿服务发展研究会组织撰写

图书在版编目（CIP）数据

大型活动志愿服务/张晓红，冯婧主编. —北京：中国人民大学出版社，2019.7
（志愿服务实务丛书）
ISBN 978-7-300-27151-4

Ⅰ.①大… Ⅱ.①张… ②冯… Ⅲ.①活动-组织管理-志愿-社会服务 Ⅳ.①C936

中国版本图书馆 CIP 数据核字（2019）第 149792 号

志愿服务实务丛书
大型活动志愿服务
主　编　张晓红　冯　婧
副主编　信　欣　曹仕涛
Daxing Huodong Zhiyuan Fuwu

出版发行	中国人民大学出版社		
社　　址	北京中关村大街 31 号	**邮政编码**	100080
电　　话	010－62511242（总编室）		010－62511770（质管部）
	010－82501766（邮购部）		010－62514148（门市部）
	010－62515195（发行公司）		010－62515275（盗版举报）
网　　址	http://www.crup.com.cn		
经　　销	新华书店		
印　　刷	运河（唐山）印务有限公司		
开　　本	720 mm×1000 mm　1/16	**版　　次**	2019 年 7 月第 1 版
印　　张	12.25 插页 1	**印　　次**	2023 年 11 月第 2 次印刷
字　　数	210 000	**定　　价**	45.00 元